소설을 쓰자

소설을 쓰자

김언 시집

민음의 시 155

민음사

自序

가끔 죽은 사람이 되살아났고
나는 눈을 깜박였다.

여기가 어디니?

차례

自序

감옥　11
입에 담긴 사람들　12
사건들　14
뱀에 대해서　16
한 사람들　18
오브제의 진로　19
짝퉁의 사전적 정의　21
돋보기　22
퍼레이드　24
라디오　27
동인들　28
짐 자무시의 친구들　30
이중근 j　32
아메바　33
테이블　34
만남　36
건너편 카페와 우리 집 사이　38
중증　40
자연　42
미확인 물체　43
리얼 스토리　44
반(反)하는 이유　46
연인　48

문학상 여사의 수상식   50
이 시간의 친구들   52
도착   54
하루   56
건설적인 욕망   57
다가오는 날씨   58
되지 않는 이유   59
그게 뭘까?   60
흔들   62
찬 달 아니면 뜨거운 달을 밟는   63
식탁 저편에서 태양이 떠오를 때   66
야간 근무   70
관(棺)   71
내가 죽으면   72
헬렌, 무엇이 들립니까?   74
숨바꼭질   78
내 호주머니에 둥지를 튼 굴뚝새의 겨울   80
그 곡은 딱 한 번 연주되었다   82
미래   84
인터뷰   85
이보다 명확한 이유를 본 적이 없다   90
취향의 문제   95
꼬마 한스 되기   96
톰의 혼령들   100

톰의 혼령들과 하품하는 친구들　　104
유령 시장　　112
광장　　115
먼지 행성의 주민들　　116
자존심　　117
문학의 열네 가지 즐거움　　120
당신은　　122
식모　　126
분신　　128
연루된 사람들　　130
한 장의 잎사귀처럼　　133
아름다운 문장　　134
송년회　　137
라면의 흐름　　138
일을 찾아서　　140
두 도시 이야기　　143
서울에서 가장 우울한 남자의 왕　　146
방치　　152
벤치 이야기　　154
소설을 쓰자　　160
지난해와 지지난해　　163

작품 해설 / 신형철　　165
히스테리 라디오 채널

감옥

내가 덥다고 말하자 그는 문을 열었다.
내가 춥다고 말하자 그는 문을 꼭꼭 닫았다.
내가 감옥이라고 말하자 그는 꼼짝 말고 서 있었다.

2 더하기 2는 네 명이었다. 남아도는 것은 꼭 필요한 것이었다.
내가 유죄라고 말하자 그는 포승줄에 묶였고
내가 해방이라고 말하자 그는 머리띠를 묶고 앞으로 나아갔다.
그는 꼼짝 말고 서 있었다. 버스 안에서

이제 그만 내릴 때라고 말하자 그는 두 발을 땅에서 떼었다.
내가 명령이라고 말하자 그는 망령처럼 일어서서 나갔다. 누군가의 입에서.

입에 담긴 사람들

나는 모든 것의 촉각을 곤두세운다. 촉각을 다투는 윤리의 싸움은 나의 입에서 크게 벌어진다. 누군가가 죽었다면 그건 나의 혀가 잘못 발음됐기 때문이다. 그는 실수로 나의 혀를 잘못 놀렸다.

한 사람의 부정확한 발음이 홍수로 시달리는 시내를 마비시켰다. 너무 많은 비와 한 사람의 시체가 떠내려간다. 폭동의 일부가 되기 위해 나는 여기 왔다.

모든 발음과 증오가 소음 속에서 증발한다. 나는 모든 사람들을 대표해서 입을 다물 수도 있다. 뚝 하는 순간 사람들은 입을 다문다. 아니 죽을 수도 있다. 아니면 이 도시 사람이 아닌 말을 하고 있는 것이다.

그는 소문 속에서 돌아왔다. 입을 다물면 곧 사건이 될 사람과 사람들로 그득하다. 군중의 일부가 되기 위해 나는 여기 왔다. 사건의 일부가 되기 위해 나는 생각을 하고 있거나 아니면 듣고 있을지도 모른다. 귓속으로 침이 고이듯이 나는 다양하게 길거리를 차지한다. 어떤 집은 미리부터 문을 열어 놓는다. 내가 내 땅을 차지한다고.

사건들

 이 소설의 등장인물이 그들의 주요 서식지다. 사건과 사건을 연결하는 등장인물은 광대하고 모호하고 그만큼 일처리가 늦다. 기다리는 것은 사건이다.
 섣불리 움직이는 사건을 본 적도 있다. 그들이 인물을 파고드는 순서는 사건이 일어나는 순서와 무관하다. 이 소설을 보면 시간도 결론을 내리지 못하고 공간도 누군가를 향해서 뛰어들지 않는다. 누군가를 중심으로 사건은 모이지도 않는다. 고유 번호처럼 인간의 본성은 여전히 암흑이다. 난장판에 가까운 그들의 서식지는 사람의 서열을 따지지 않는다.
 그들의 편찬 사전엔 내 이름도 소설로 들어가 있다. 나의 인물 됨됨이도 그들에게는 여전히 빈 공간으로 남아 있다. 그들이 나를 불러 줄 리 없다. 내가 다가가는 방식으로 그들이 다가와서 나와 나의 친구들과 몇 안 되는 적들을 포획해 간다. 하나의 사건을 위해서 우리들이 모였다.
 우리들은 모여서 의논하는 버릇이 있다. 그들은 흩어지면서 빈집을 방문한다. 바로 눈앞에서 벌어지는 일들이 믿기지 않는 한 사람의 떡 벌어진(사실은 텅 빈) 입속으로 들어가서 소문을 퍼뜨리는 것이다. 책장을 넘기면 다음 사건들이 소문의 진위를 파고들 것이다.

  종결된 사건은 더 이상 책을 만들지 못한다. 자신의 몸이 공간이라고 생각하는 사람은 이제 책을 덮고 한 권의 소설이 될 것이다. 그것은 밤하늘의 천체처럼 빛나는 궤도를 가지지 않는다. 스스로 암흑이 되어 갈 뿐이다. 소문처럼 텅 빈 공간을 이 소설이 말해 주고 있다. 등장인물은 거기서 넓게 발견될 것이다.

뱀에 대해서

우리는 어떤 것도 말해 줄 것 같지 않다.
우리는 어떤 보편적인 환상을 가지고 있는 듯하다. 혀에 대해서. 혀가 닦아 놓은 길에 대해서. 광택이 전부인 어떤 뱀에 대해서도 마찬가지 결론을 내려야 할 것 같다. 혀가 움직이는 순간

말은 지나간다. 공기를 향해
우리는 귀를 쫑긋 세우고 음악은 지나간다. 나는 공기에 빠져서 허우적거렸지만, 여러 번 듣고서야 그게 음악이라는 걸 알았을 때의 표정을 우리는 또 말하고 있다.

우리는 순간순간을 쓸쓸하게 말한다. 혀에 대해서.
음악과 비명에 대해서 두 갈래의 혀를 가지고 말한다. 자고 일어나면 머리맡에 수북이 쌓인 뱀의 형제들을 우리는 하루 종일 뒤집어쓰고 다닌다. 너무 무서우면 모자를 덮어쓰는 버릇. 허물을 벗고 머리카락은 빠져나온다. 두 갈래 세 갈래 혀를 내밀고 뱀은 지나간다. 모자를 벗기 위해.

음악은 지나간다. 나는 뱀에 빠져서 허우적거렸지만, 너

는 모자를 들어 올리려고 애쓰는 자의 모든 표정을 짓고 있다. 우리는 어떤 것도 말해 줄 것 같지 않다. 뱀에 대해서.

나는 잠시 혀를 묘사했다.

한 사람들

 자동차는 어젯밤에도 지나갔다. 오늘 밤에도 내 배꼽 밑으로 지나갔다. 성당의 종소리가 명랑하게 울리는 내 하반신에도 공장이 돌아가는 기계 소리가 들린다. 나는 신전이다. 누구보다 딱한 사정을 들어주는 한 노인의 지루한 설교 소리가 벽에 가서 그친 뒤에야 나는 몸서리를 친다. 가려워서 피부 밑을 긁었다. 깊숙한 메시지는 더 깊숙이 들어가서 2세를 생산한다. 소요를 준비하는 조용한 군중들이 난폭하게 더 난폭하게 출구를 열고 쏟아지는 용액과 뒤섞인다. 오늘 밤에도 고통스러워하는 아이가 잠에서 깨는 연습을 내가 하고 있다. 자동차가 지나가면서 내는 소리. 배꼽 주위를 맴도는 아이의 질퍽거리는 소음이 젖은 몸을 일으켜 다시 걸어간다. 연기 속으로 수천 명의 출근길이 열리고 나는 다리를 뻗는다. 낮에는 공장으로 주말이면 교회로 새벽에는 저 혼자서 질주하는 자동차를 타고 그가 왔다. 나는 도착하는 밤의 꿈이다. 수천 명이 그 잠꼬대에 깨어났다. 각자의 집에서 마치 관객들처럼 일어나는 내 몸을 껴입고 나갔다.

오브제의 진로

나는 문장 안에서 단어를 대신할 수 있다.

발이 있으니 걸어 다니는 동물처럼 행동하는 동사가 될 수도 있다. 아무거나 집어도 그걸 나라고 대신할 만한 특별한 원칙과 필연적인 이유가 없는 문장을 폐기할 수도 있다. 또는 그 반대일 수도 있다.

나는 학교 갔다 돌아오는 길에 보았던 수많은 간판을 수첩에 적어 넣는 불필요한 수고를 아끼지 않는 학생의 이름을 지우는 데 더 고심할 수도 있다. 반대로 집에서 가장 멀리 있는 곳이 여기 들어와 있다고 확신하는 그 방을 다른 단어로 채워 넣고 흔들 수도 있다. 쏟아지는 그 방의 창문은 모두가 열려 있지만 어떤 창문은 확실히 닫힌 채로 둘 수도 있다.

나는 문제가 잘못되었다고 항의하는 학생의 신분을 나무라는 선생의 입장에서 자책할 수도 있다. 아니면 휘파람을 불면서 등을 돌리는 목동의 흉내가 가능한 한 마리 양이 될 수도 있다. 여름이 오면 겨울이 빠질 수 없는 계절이라고 선동하는 비딱한 입술의 소유자가 멸시하는 청중이 되어 줄 수도 있다. 나는 애매모호하고 정확한 형상의 귀를 그려 보이는 수십 장의 밑그림을 간단히 상자 하나로 대신할 수도 있다.

 또는 정반대의 건물이 되거나 벽돌로 쌓아 올린 담장 뒤에 숨은 암시를 감추어 둘 수도 있다. 다 아는 사실을 끄집어내고 모르는 사실은 냉장고가 텅 빌 때까지 보관하고 식상해할 수도 있다. 손목은 따로 보관하고 사체는 땅속 깊은 곳까지 유기하는 숲 속의 다른 장소에서 돌아오는 존재하지 않는 범인을 체포할 수도 있다. 동일한 수법으로.

 나는 이파리 하나 꽃잎 하나도 서로를 찾을 수 없을 정도로 너무 오래 산 사람의 척박한 환경일 수도 있다. 책을 펼치면 숲이 보이고 단어 하나가 적혀 있는 그림을 서로 못 만나게 강조할 수도 있다. 나는 흩어지는 돌멩이의 입장에서 주체를 얘기하는 예기치 못한 덩어리를 혼동하여 절망할 수도 있다.

 또는 그 반대의 단어를 걷어찰 수도 있다. 다음 문장에서.

짝퉁의 사전적 정의

짝퉁: 가짜와 똑같은 진품. 거짓말과 똑같은 진심을 털어놓으며 기다렸다. **약속**: 모호하고 불분명한 약속을 하고 또 지켰다. 가령 내가 태어나기도 전에 내 귀에 들어와 살던 사람들. 그 사람들의 사전적인 정의. **중년**: 아는 사람보다 죽은 사람이 더 많은 세계를 살고 있다. 그러고도 살아 있다면 망년으로 가고 싶구나. **아빠**: 얼마 전 요양원에서 나온 그를 요양원에서 만난 내가 붙여 준 별명. 혹은 **본명**: 들어 본 적이 없어서 호감이 간다. 이건 자장가라고 하는 건데, 네 아빤 듣지 못한단다. 들을 수가 없는 거지. **연민**: 한 줄짜리 시를 쓰고 두 줄짜리 산문을 쓰고 나머지는 입속에 무슨 소리가 들었는지 알 수 없을 때 **사전적 정의**: 까마귀는 카프카라는 뜻이다. 그는 비록 삼류 화가였지만, 음악만은 열정적으로 들었다. **결별**: 계획된 자의 계획된 괴로움으로, 예고된 자의 예고된 죽음으로 실체에 다가갈수록 시체에 가까워지는 **생각**: 보다 짧은 생각을 하고 있는 그는 예외적으로 거의 놀지 않는다. 헤어질 때도 요점만 말해 주길 바랐다. **예외**: 심장이 아니라 정확히 복부였다. 고흐의 사인은 어느 쪽이 진정한 나였는지 알 수가 없다. **차이**: 이 남자는 뭐고 저 남자는 존재하지 않는다. 한 번 들어가면 나올 수 없는 것도 타클라마칸이라는 뜻이라는 걸.

돋보기

돋보기에 돋보기를 갖다 대면서 나의 눈은 일그러졌다. 형체도 없이 커진 나의 눈으로 들여다본 대리석 바닥은 얼마나 차가운지 또 얼마나 시끄러운지 그 소리를 내기 위해 얼마나 많은 고요가 뒤엉켜서 누워 있을지 상상하기 시작했다. 돋보기에 돋보기에 돋보기를 갖다 대면서 나의 시간은 정지하였고 정지한 듯이 꿈틀거렸고 마침내 난장판이 되었다. 미끈한 물도 차가운 대리석 바닥도 달아나기 위하여 과거와 미래를 뒤바꾸어 버렸다. 거기서는 시간도 결론을 내리지 못한다. 공간도 휘어지기 위하여 존재하지 않는다. 오로지 달아나는 힘으로 붙잡는 힘을 끝내 뿌리치지 못하는 우리들의 눈과 감정과 손질 많은 상상만이 살아서 거대한 행성을 이루고 있다.

멀리서 보면 그것은 별이다. 별이거나 빛이거나 맹렬히 달아나는 순간에도 그것은 매끄럽다. 매끄럽고 울퉁불퉁하고 상처투성이 얼굴을 보여 주다가 마침내 요동친다. 격렬하게 항의하는 대사관 앞에서도 국기를 불태우는 어느 소수 인종의 핏속에서도 그것은 연기처럼 흘러 다닌다. 누군가를 향해서 그들은 말을 바꾼다. 누군가를 향해서 이름을 바꾸고 그것은 몸이었다가 정신이었다가 한 번 더 형체를 알아볼 수 없는 주장을 완성한다. 돋보기에 돋보기를 갖다 대면서 나의 눈은 심하게 끔벅이는 금붕어의 눈을 조용하다고 말하기 힘들어졌다. 얼마나 많은 동요가 그의 지느러미 물살에 달라붙어 있는가. 얼마나 많은 야유가 나의 손바닥을 흘러가는가.

   대사관 앞에서도 고요와 함성이 난무하는 시위 현장에서도 대리석보다 더 단단한 그들의 핏줄을 의심하게 되었다. 돋보기에 돋보기에 돋보기를 갖다 대면서 마침내 형체를 가진 정신을 나는 말하게 되었다. 정신 나간 몸이 우리의 가장 작은 공화국이 되어 버렸다. 달아나지도 붙잡지도 못하는 나는 나의 가장 작은 원소를 보고 있다.

퍼레이드

　우리는 높은 건물을 허락하지 않는다. 공터로 방치된 공간도 없다. 건물을 비워 놓은 곳은 오로지 길이어야 한다. 길을 닦아서 공기와 빛이 드나들게 하는 것, 그 길을 따라서 상가가 들어서고 노동자들이 지나가고 마침내 군대가 지나가는 것이 이 도시가 만들어 낸 우리들의 목표다. 진압 경찰은 바리케이드를 원하지 않는다. 노동자들은 뻥 뚫린 대로를 원하지 않는다. 뒷골목에서 진압군과 시위대가 마주쳤을 때 고양이보다 민첩한 몸을 가진 그림자들이 벽 속으로 숨어들었다. 그들의 신분은 모두 이 건물에서 나왔다. 길의 너비보다 높지 않은 건물들, 하늘을 향해 뾰족지붕을 쌓아 올리는 왕가의 전통은 도시의 미로를 체계적으로 파괴해 간다. 미로의 중심에는 유곽이 있고 유곽의 중심에는 새까만 음부를 드러낸 우리들의 사생활이 있다. 그들은 주로 꽃을 들고 찾아온다. 고양이보다 개가 어울리는 침실, 침실보다 더 아늑한 허벅지 틈에서 중요한 문장들이 마침표를 찍어 간다. 내일은 개각이 있거나 전쟁을 선포하는 날, 세금을 걷기 위해 묘책을 짜내는 자들의 입은 뜨거운 혀를 관리하느라 바쁠 것이다. 그들 중 누군가 혀를 내밀면 신기하게도 길이 된다. 뚫린 길을 더 넓게 더 곧게 뻗어 가느라 나귀 대신 자동차가, 인력거 대신 좀 더 많은 시민들의 동의가 필요하다. 우리는 내전을 위해서 동원된 자들이 아니다. 공화정이나 내각제를 지지하는 자들도 아니다. 병영에서 가장 짧은 거리에 우리들의 빵과 고기 공장이 있다. 여행객은 단편적인 정보만으로 이 도시의 미로를 설명한다. 대로는 미로를 잠식하면서 뿔뿔이 흩어진 노동자들을 시민으로 만들어 버렸다. 왕가의 전통을 무시하는 길은 없다. 왕이 물러난 자리에 더 높은 권좌가 어울리는 호칭은 한두 가지가 아니다. 사방팔방으로 뻗어 가는 국가를 위하여 우리는 처음으로 투표 방식을 배운다. 노조를 만들고 비행 청소년을 길러 내고 아이들의 부모는 침착하게 늙어 가는 개의 심정을 이해한다. 뜨거운 혀를 내밀면서 목구멍 깊숙이 술을 쏟아붓는 자세는 많은 도시들이 성숙해 갈 때 필요한 증상이다. 권세를 과시하기 위해 우리는 술을 마시지 않는다. 그들은 머리 위에서 퍼붓는 잔소리를 길바닥에서 만들어 낸다. 좀 더 많은 시민들이 환호하기 위해 거리로 나왔다. 머리 위에서 불꽃놀이가 있었고 한밤중에도 신문이 창간된다. 한낮에도 그림자가 침묵하는 행인들을 덮친다. 건물에서 태어난 그들은 먼지 같은 지성으로 똘똘 뭉친 자의 입술을 사랑한다. 심장 대신 머리로 반응하는 자들이 가장 먼저 찾는 곳에 여전히 이 도시의 미로가 있다. 병사들이 움직이기 좋은 장소에 우리들의 도시가 있고 군악대 소리가 있다. 군가가 성벽을 쌓아 올리듯 노래 때문에 우리는 이 도시를 건설한다. 잠시 후 군대가 지나간다.

라디오

1945년 8월 15일까지 우리는 천황의 목소리를 들을 수 없었다. 히틀러는 처음부터 확성기와 라디오를 통해서 나타났다.

그 전에는 체조와 악대 소리밖에 들을 수 없었다. 라디오를 통해서 전쟁은 늘 이기고 있었고 내 말은 영원히 끝나지 않을 것처럼 떨린다. 처음에는 소음인 줄 알았다.

그 음악은 곳곳에서 들린다. 우리 모두가 엎드려 울던 날 주인공은 낮고 조용하고 침울했다. 1945년 8월 15일까지

내 말을 알아듣는 사람은 열두 명도 되지 않는다. 히틀러는 마지막까지 자신을 공개하지 않았다.

동인들

#1
한방에서 우리는 식사를 한다
한방에서 우리는 저녁을 굶고 장시간 토론 끝에 밥이 들어왔다
고기를 구워 먹는다
여행을 얘기하고
서로의 입에서 술이 떨어질 때까지 토론한다
담배가 다 타들어 간다
우리의 화두는 진실을 말하지 않는 것이다
미학을 사랑하는 자와 풍류를 즐기는 자의 격렬한 논쟁이 함께 회동하는 자리를 만들었다
동양의 스승과 서양 선생님이 모두 한국 사람이다
저마다 안경을 끼고 한 사람은 식염수를 붓는다
숯불이 다 타들어 갈 때까지

#2
넷이서 둘러앉아 한 명을 기다린다

\#3
한 사람씩 눈을 뜨고 있다
한방에서 태어난 이 모임은 오래갈 것 같다
10년째 똑같은 책을 만들어 내고
고기를 뒤집으며
새로 태어난 시인의 자축을 들어야 한다
잡지는 그렇게 해서 나오지 않는다
문제는 내 색깔이 너무 강하다는 것이다
너는 빨간색이고 나는 검은색
카드를 내려놓는다
진리와는 무관한 표정을 짓고
한방에 모인 그는 나와 같은 생각 중이다
담배가 다 타들어 갈 때까지

\#4
넷이서 둘러앉아 한 명을 배웅한다
좋아해서는 안 되는 사람들이 눈을 뜨고 있다

짐 자무시의 친구들

둘이서 놀다가 셋이서 논다
셋이서 놀다가 자동차를 탔다
듣기 싫은 노래와 함께
우리는 마이애미로 간다

플로리다는 충동적이고 기분이 좋다
우리는 핫도그를 먹었고
전에 먹은 음식과 뒤섞었다 야채와 수프와 죽은 시체들의
맛있는 부위를 골고루 섞어서 내보낸다
해변이 만들어지는 순간이다

분주한 활동이 거의 없다
극장은 엉뚱한 곳에서 영화를 틀어 준다
공상은 밤하늘에서 고함은 심장 가까운 곳에서 튀어나
오는 것 같다
분노가 치밀 때 우리가 찾아가는 곳은
손가락이 가리키는 곳과 무관하다

어느 사건이든 지어진 순간부터 변한다

번개는 곳곳에서 치지만
대개는 어느 한쪽으로 피가 쏠린다
도시 전체가 침묵과 어울려서 사는 동안
벽 대신에 얼굴을 내밀고 뭐라고 부를까 고민 중이다
무언가를 끄적거리는 동안

우리는 고통이 내일부터 낙서라는 사실을 모른다
잊어 먹고 있던 연설은 귀를 통해서 흘러나오지만
그것은 공기도 되고 땅도 된다
내 이름이 마음에 든다
듣기 싫은 노래와 함께

셋이서 놀다가 둘이서 논다
혼자서 놀다가 해변으로 갔다

이중근 j

j와 k는 천박한 방정식을 푼다
그와 그는 동명이인이지만
하나의 근을 가진다
사이에 f가 들어간다 미스터리한 사건일수록
해도 없고 부작용도 없다 과학자의
책임이 크다
소설가는 이름 때문에 고민한다
하나의 근이 없다면 여러 개의 용의자가
수사 선상에 올라왔다 견해 때문에
j와 k는 모였다 이견이 없는 한
우리는 흩어지고 있다
단 하나의 이름이 물망에 올랐다
j는 그 영화를 두 번 봤다
그는 그를 반박한다
동시에,

아메바

당신의 반응은 눈멀고 귀먹고 말 못하는
당신에게 입이 먼저 생긴 이유를 궁금해한다

모처럼 찾아가는 질서 속에서
딱따구리는 나무둥치를 뚫으며 대단히 위험한
응접실을 만든다; 거기 우리들의 혀가 들어가서
끊임없이 입을 벌린다 아이들의 응석받이
울음소리는 갈수록 긴 소화기관을 가진다
그것은 항문에 이르는 길이지만
영원히 다른 길이다;
한순간 짐승의 꿈이 될 수도 있는

우리들의 뇌는 조용하다
모처럼 단백질에 취해 잠을 잔다
똬리를 틀고 있는 뱀
혹은 돌멩이처럼

테이블

우리는 문제를 열고
대화에 푹 빠진다
사랑에도 빠지고
우울증에서 벗어난다

어디라도 좋다 각자의 입장에서
우리들의 의견은 모인다
반경 1km 이내

거기 있다고 생각되는
당신의 상상은
깊이깊이 다른 건물을 쌓아 올린다

사이좋게 평행선을 만든다
우리 관계는
어디에도 도달하지 못하고
서로의 인력에 끌린다

지하 깊은 곳에서

비밀이 고갈되는 순간
당신과 가장 가까운
사람의 손가락은 누구를 지칭하는가

폭넓은 의견과 차이를 교환한다
당신의 말은 여기까지
내가 생각하는 건물의 높이는
저기까지

수위를 조절해 가며
푹 빠진다

만남

당신은 초조하게 기다린다
나는 당신을 만나러 가지만
한쪽 발이 어디로 걷는지 알 수 없다
한쪽 손이 누구를 반기는지 당신은 알고 있는가

누군가의 어깨를 건드리고 또 건드리며
나의 발은 제 세계를 뚜벅뚜벅 걸어간다
저 발이 몹시도 생소해 보인다면
나의 걸음을 보라, 무릎 아래가 완전히 생략된
이 걸음의 최종 목적지는 당신의 집인가

그 너머인가

한 사람의 손이 기다리고 있다
초인종을 누르는 동안 황급히 뛰어나가는
당신의 발놀림이 있다
문을 열고

우리는 등 뒤에서 서로를 껴안는다

바로 앞에서 당신의 머나먼 소리가 들렸다
어깨 너머로 나의 발이 이제 겨우 도착했다
쉴 새 없이 옷을 벗기고

너무 좁은 세계의 손과 발이 모처럼 쉬고 있다
다른 침대에 누워

건너편 카페와 우리 집 사이

건너편 카페에서 우리 집을 볼 때
우리 집은 안 보인다
우리 집에서 건너편을 바라볼 때도
카페는 안 보인다
우리 집과 카페 사이에 건너편의
건물이 있는 것도 아니고
건물보다 높은 옥상이 있는 것도 아니고
건너편의 공터가 있어서
우리 집과 카페 사이에
바람이 지나가는 것도 아니다
바람이 물고 가는 육중한 안개가 있는 것도 아니다
호수가 있어서 물결이 이는 것도 아닌
건너편 카페와 우리 집 사이에
가로수와 가로등과 밤새도록 질주하는
자동차가 있는 것도 아니다
먼지 한 점 없는 건너편 도로에는
밤새도록 불을 밝힌 도시가 있는 것도 아니다
새로 생긴 영화관이 있는 것도 아니며
목소리를 닮아 가는 연인들의

어두컴컴한 공원이 있는 것도 아니다
공원 위에 불쑥 솟은 언덕이 있는 것도 아니며
주말마다 등산하는 산이 있는 것도 아니다
둘 사이에는 아무것도 없다 허공을 질주하는
비행기가 있는 것도 아니며 궤도를 벗어난
인공위성이 떨어지는 먼 바다가 있는 것도 아니다
둘 사이에는 아무것도 들어갈 장소가 없다
그럴 만한 시간이 없다 건너편 카페와 우리 집 사이
한 사람이 들어가서 마주 본다
말없이 건너편이 되어 가는 우리 집과 그 카페를

중증

아무도 병이라고 말해 주지 않을 때
그는 심각하다
혹시라도 괜찮냐고 물어보았을 때
눈 한 번 딱 감고 거들어 주는 사람을 찾아서
그는 몸을 옮겨 간다
나는 괜찮지도 않고 슬프지도 않고
이상하게 여기 있다
발견되지 않을 것처럼
감정은 끊임없이 속도를 낸다
무언가를 향해서 너를 향해서
네 눈에서 한 걸음도 달아나지 못하는
나의 발자국은 소리를 낸다
우주 반대편까지 지구
반대편까지
나의 등 뒤에서
멀어지며 더 멀어져 가는
한 사람의 등과 등에 달라붙은 먼지까지
똑같은 색깔을 내고 그는 웃는다
그는 심각하다

우연히도 절반을 넘어서는 확률 때문에
나는 남자로 나는 인간으로 나는 여자의 품에서
튕겨 나왔다 둘로 쪼개지기 전에
먼지는 다 같이 소리를 낸다
돌이 깜빡하고 잊었을 뿐이다
눈이 깜빡하고 돌아왔을 때
결론은 흩어지기 위하여
잠시 모인다
너의 빛과 눈이

자연

그건 기계가 돌아가는 소리였다. 털커덩 톱니바퀴가 내려놓는 소리였는지 모른다. 그다음에 부는 바람이 정확히 어느 방향이었는지 당신은 모른다. 어떤 형태도 말을 가지지 못할 때 우리는 인간의 입을 빌려서 짐승을 말한다. 자연이 말한다. 비가 말하고 바람이 울고 새는 도착한다. 그들의 어깨가 몹시 피로하다고 말한다. 자유 때문에?

피를 흘리는 종족이 어디 있냐고 묻는다. 나는 어쩌면 기계 소리를 들었는지 모른다. 무책임하게도 나는 입 밖에서 살고 있다. 한 사람씩 짐승을 얘기한다. 어제 내린 비와 오늘 부는 바람과 모처럼 만난 친구를 어느 굴다리 밑에서 다시 만난다. 우리는 매번 다른 인사를 나눈다. 털커덩 톱니바퀴 소리를 듣는다. 기차가 아니면 구름이 지나가는 소리였다. 새가 아니면 어깨가 부딪히는 소리였다. 터널을 지나서

열차가 도착하고 있다. 구름이 제시간에 맞춰 왔다. 당신이 책임질 수 있는 말들과 내가 책임질 수 없는 말들이 교묘하게 맞아 들어간다. 마침내 자유를 떠난다. 기계 소리에 맞춰.

미확인 물체

비가 왔다. 확인되지 않은 미아삼거리에서 칼국수를 먹었다. 어제는 확인되지 않은 중국 요리를 먹었다. 확인되지 않은 중국집 이름은 진짜루. 확인되지 않은 단무지와 양파와 서비스로 나온 군만두를 사이좋게 나눠 먹었다. 확인되지 않은 누군가와 확인되지 않은 수표를 내고 나왔다. 확인되지 않은 경품이 걸린 쿠폰을 받고 버렸다. 부산에 사는 내가 언제 다시 오겠냐. 확인되지 않은 정류소 쓰레기통 앞에서 확인되지 않은 택시를 타고 그는 갔다. 확인되지 않은 길을 걷다가 확인되지 않은 동네 이름을 떠올리며 집으로 돌아오는 길. 확인되지 않은 버스 안에서 확인되지 않은 기차를 타고 가는 그를 상상했다. 그는 확인되지 않은 곳을 지나고 있다. 천안 아니면 대전쯤? 진짜로 그가 하고 싶은 말은 헤어질 때까지 확인되지 않았다. 어제도 그제도 나는 확인되지 않은 논문을 읽고 확인되지 않은 보고서를 작성하고 확인되지 않은 일기 예보를 믿고 나왔다. 확인되지 않았지만 비가 그친 것 같다. 확인되지 않았지만 그와 나는 친구다. 확인되지 않았지만 사진에도 찍혀 있다. 그 빗방울이.

리얼 스토리

우리는 실제보다 더 많이 걸었다고 생각한다. 그래서 더 많이 걸었다. 우리는 실제보다 더 많은 선행을 했다고 생각한다. 그래서 더 많은 선행이 필요해졌다. 착한 장소마다 더 많은 내가 들어가서 살고 있어야 한다. 시간은 충분하다.

우리는 많은 얘기를 나누었고 실제보다 더 많은 얘기를 주고받았다고 생각한다. 나는 실제보다 일찍 젖을 떼었고 걸음을 익혔고 구구단을 외웠다고 생각한다. 너는 실제보다 일찍 말을 배웠다고 생각한다. 엄마, 라는 단어를 당신 입으로 말하는 것을 어떻게 들었을까?

두 살 때라고 한다. 두 살 때 엄마, 라는 단어를 처음 말하고 커서는 실제보다 더 많은 여행을 떠났다. 수학여행과 신혼여행, 바캉스와 혼자 떠나는 주말여행까지 당신은 실제보다 더 많은 여행을 다녔고 그래서 더 많이 돈이 들어갔다.

길에서 뿌린 돈이 헤아릴 수 없이 많은 추억을 불러낼 때, 나는 더 많은 내가 길에서 걸어 다니고 있을 거라고 확신한다. 더 많은 내가 더 많은 당신과 더불어 더 많은 신발을 신고 걸어 다니고 있다. 우리는 만난 적이 없지만 더 많은 곳에서 헤어진 적이 있다. 어느 누구와도 타협할 수 없는 자리에서 우리는 더 많은 회담을 성사시키고 기뻐하였다.

  우리의 인내는 그만큼 끈질기니까 더 많은 인생의 고귀함을 깨닫고 혼자 있었다. 누군가의 기념사진 속에서 우리는 더 많은 동료들과 포즈를 취한다. 까마득히 잊고 있었던 사실을 기억하기 위해 사실은 좀 더 많이 배설하기 위해 더 많은 저녁을 먹고 돌아왔다.

반(反)하는 이유

눈은 매력적이지 않다. 코는 성스럽지 않다. 입은 불만에 가득 차서 음식을 삼킨다. 혀는 그걸 받아먹고 뭐라고 지껄이겠는가? 목구멍 뒤에서 아, 하는 소음이 넘어왔다.

심장은 이미 예약되어 있다. 멈추어 있거나 다시 뛰어간다. 너의 숲으로 가장 예쁜 털이 우거진 곳으로 고백의 강도를 높이기 위해 나는 낮과 밤을 뒤바꾸어

새들은 지저귄다. 들어오는지 나가는지 알 수 없는 입구에서 여자는 발목을 고쳐 신고 누군가의 거울을 본다. 의심이 만들어 놓은 나의 매력은 아무도 읽지 않는 몸매를 가지고 있다. 내 눈과 입과 코에 대해서

상식적인 선에서 성기를 얘기할 수 있다. 당신은 잘생겼군요. 마치 벗겨 놓은 것처럼 사실을 말하는 이 여자의 굴뚝은 필요할 때만 청각이 열린다. 바람은 한 달 뒤에 불어오고

돌아오지 않을 벽에 가서 한 사람의 얼굴과 이름을 만져 본다. 애무하듯이 또 증오하듯이 하루가 다르게 달아나

는 이 글씨는 불만에 가득 차서 손을 흔든다. 더 많은 말이 필요한 것 같다. 혀를 내밀고.

연인

우리는 보통 밤에 얘기하고 낮에 뜨거워집니다. 우리는 우리 둘 중에서 어느 한 사람이 연인으로 발전할 가능성이 있습니다.

우리는 경향에 가깝습니다. 우리는 보통 밤에 얘기하고 낮에는 짐을 옮기면서 물끄러미 우리의 얼굴을 쳐다보고 이런 얘기를 나눕니다. 마치 자신의 얼굴처럼 부끄럽습니다.

우리는 경향이니까요. 될 수 있는 대로 멀리 뻗어 가는 두 사람의 팔다리를 바로 등 뒤에서 느끼고 만져 봅니다. 우리는 정말 굳어 갑니다. 달아나기 위하여 가장 높은 곳에서 옥상을 준비해 두었습니다.

직전의 포즈는 모두 사실입니다. 내일부터는 우리가 내다보는 창밖에서 이상하게 울음이 큰 사나이와 여자의 옷자락이 펄럭입니다. 떨어지기 위하여 우리는 어디서부터 입을 맞출까요? 커피숍에서 아니면 가로등 아래 공원에서 그도 아니면 혼자서 걸어 보는 공중전화 부스 안에서 은밀하게 오늘과 내일의 거리를 상영합니다.

내일은 각자 움직이고 있습니다. 우리는 난폭하게 화해하는 양편의 팔을 등 뒤에서 느끼고 정말 만져 봅니다. 조용히 입을 감추고 있습니다. 스르르 눈이 내려옵니다. 키스는 이 영화의 전부입니다.

문학상 여사의 수상식

수상식이 말한다. 사회자를 대신하여 마이크가 말한다. 대리 수상자를 대신하여 그의 손목이 까딱 인사하였다. 여기,

남편이 저 대신 따라왔습니다. 저 대신 영광스럽게 울먹거리고 손목은 퉁퉁 불어서 말을 잇지 못합니다. 내일쯤 이혼 절차를 밟고 있으니

모레쯤 소설가가 될 예정이라고 손을 흔들어 밝게 웃어 주는 포즈. 그리고 한 목소리! 다 저 때문입니다. 오늘의 이 자리는 저 때문에 참석 못한 사람들로 꽉 찼습니다. 저기,

초대받지 못한 제 친구들과 경쟁자들과 그들의 지지 세력이 성난 피켓을 들고 오지 못했습니다. 그러나 이 수상식은 공정합니다. 심사 소감도 공정합니다. 마이크에서 칭찬이 떨어지지를 않으니

많은 사람들이 집을 비우고 나왔습니다. 여기서도 보이고 저기서도 보입니다. 그들의 꽉 채운 빈자리를 대신하여 웅성대는 저 의자들의 심정을 충분히 이해합니다. 금방이

라도 일어날 것 같습니다. 내일쯤

  소설가가 될 예정입니다. 모레쯤 아내와 결별하는 이 손목으로 난감한 글을 쓰고 있습니다. 영광된 이 자리를 대신하여 주인공이 말합니다. 사회자를 대신하여 마이크가 말합니다. 저 혼자서

  술을 마시고 있습니다. 이렇게 많은 사람들이.

이 시간의 친구들

 재앙은 이미 벌어졌다. 친구들은 서로 관계없이 걷는 방향을 좋아한다. 선호하는 색깔이 다르고 구해서 입는 티셔츠가 다르고 우리는 갈래갈래 노래를 부른다. 나 좀 베껴 달라고.

 그들은 치유하지 않는 정신세계를 가지고 있다. 스스로 불가능하다고 판단하는 아이들이 태어나고 또 태어나서 관객을 이루어 간다. 두 명 중 한 명은 모르는 친구들이며 그들 중 한 명은 나와 똑같은 병명으로 고생한다. 이상하게 이름이 섞여 있다. 한 반에서 만난 친구들이 다른 반에서 만난 친구들과 구분이 되지 않는다.

 잔인해질 대로 잔인해지고 우리는 갈래갈래 머리를 기르고 머리가 자라는 방향으로 태양은 굴러간다. 탁자는 나뒹굴고 의자는 산산조각 찢어져서 엉덩이를 찔렀다. 앉아 있으면 누군가 불러 줄 생각으로 목이 말랐을 테지만, 혀가 꼬이면서 우리는 친구들의 문장을 완성한다. 내가 하고 싶은 말이 그 말이었니?

적당히 묻지 않는 선에서 눈을 크게 떴다. 이야기의 결말은 이미 있었던 것 같다. 재앙으로 시작해서 재앙으로 끝나는 영화. 말미에 내리는 비는 우리를 조금 더 쓸쓸하게 만들었다. 그건 오래전의 사건이며 자연스런 결말을 향해서 간다. 비가 멈추는 날,

날이 개었다. 바람이 멈추는 날 날아갔던 집이 다시 내려오고 친구들의 이름이 출석부에 다시 내려앉고 번호를 되찾았다. 순서대로 앉아서 자기 번호를 자랑한다. 너는 이번이 몇 번째니? 나는 곧 죽습니다. 그리고 예정에 없는 기차를 타고 갔다.

도착

기차가 들어온다.
비행기가 출발한다. 일요일에
그가 죽었다는 사실을 알게 되는
여자의 얼굴이 울고 있다.
실내는 파괴되는 것이 아니라 구름이 끼어 있다.
화염과 연기가 건물을 지워 간다. 시내를
이 잡듯이 채워 가는 지하 갱도에서
실험복을 입은 사내들이 장례를 치른다.
그는 오전에 포로로 잡혀 온 적이 있다.
그의 진술은 일관되고 격리되어 있다.
죽은 자의 꿈을 관찰하는 것처럼 시종 진지하다.
뇌파를 촬영하고 있다. 쇼크는 위대하다.
이것은 예방 주사인가
치료 주사인가.
이를 드러내고 운다.
뇌파는 조용하다.
실제의 새와 실제의 고양이와
실제의 묘지 그리고 비어 있는 활주로에서
혼자 떠 있는 배가 여성을 가리킨다.

은발인가 아름다웠을까
죽기 전의 그림자는 딱딱하여라. 석고상처럼
얼굴을 가린 누드를 지불하고 얻은 불편한 자세여.
낮잠이 지나가고 자세가 바뀌고
공룡들도 저렇게 멸망했을까. 꿈을 꾸다가
하마와 얼룩말
목덜미를 유난히 강조한다. 흰 고양이여
그걸 쓸 수 있기를 바란다.
기차가 들어온다. 또 한 명이 도착했다.

하루

하루는 날씬하고 하루는 복잡하다.
어떤 날씨와 옷차림도 거부하지 않는다.
하루는 재능 있고 하루는 의자에 앉아 있다.
하루는 작업복 하루는 지저분한 새들이 그들의 배경
보라색 밤에 스스로 눈 오는 밤이 일찍 왔다.
하루는 과거 하루는 빠짐없이 일하는 날
하루는 보라색 촛불 곁에서 혼자 먹었다.
하루는 그대들의 입맞춤과 새까만 정액 속에서
하루는 살랑거리는 나뭇잎 사이로 갑자기 한숨이 생겼다.
이파리가 굴러다니고 셔틀콕이 무한정 날아다니며 재촉
하였다.

하루는 수줍게 이별을 낭독하는 밤
하루는 보라색 검은 태양이 해를 가리고 웃었다.

건설적인 욕망

죽기 전까지 그는 생각하고 있다.
어떤 건설적인 욕망이 나를 그르칠 것이다.
자해하기 위하여 너는 계획에 가담한다.
일원이 된 것으로 그 그림자는 충분히 괴로워졌다.
그 계획은 자주 땅바닥에서 노출된다.
이런 속도로는 멀리 가지 못할 것처럼
집시에 가까운 그 음악이 한 번만 더
한 번만 더 안아 달라고 여행을 떠난다.
나는 피곤하고 너는 어두워서 보이지 않는다.
쫓아오려면 아직도 먼 날씨를 그들이 다 장악하였다.
1846년부터 1896년까지 그는 유령으로 지낸다.
계획적인 음모에 얼굴을 붉히고 곧 걸어 다녔다.
너는.

다가오는 날씨

다가오는 수요일 어디쯤엔가 연기가 난다.
나는 물감을 짜 놓고 기다렸다.

머리와 다리 사이에 이토록 먼 공백이 있는 줄 몰랐다.
나의 이쪽과 저쪽에서 불어오는 바람에게 물어보아도
영면하는 아이는 말이 없다. 큰 혼란에 빠진 것 같다.

파도와 선원들이 하루 종일 싸우느라 모두 지쳐 있었다.
나는 이토록 먼 석고상에 빠져서 묵상 중이었다.
　수백 개의 목발이 떨어지는 비는 복사뼈까지 차오르는 돌로 변해 간다.

나는 터무니없이 늘어난 당신 발가락을 보고 기다렸다.
수요일 어디쯤엔가 우산이 떠 있는 하늘이 보였다.

되지 않는 이유

설거지를 미뤄 놓고 되지 않는 이유를 생각했다
악수한 뒤의 내 잘못은 검은 물수건으로 충분하다
그리고 달아나 버렸던 기억이 있다
나오고 보니 손톱이었지만
앞발만 내밀고 고독을 얘기하는 자가 운명을 섞지는 않는다
불안하게 휩싸인 구름이 벨트라인
아래로 내려가서 쪼그려 뛰었다
성큼성큼 두 발로 걸었다
가끔은 거북을 데리고 산책하느라
바빴을 테지만 먹이 주는 시간을 잊지 않고
여름이 왔다 두어 발짝 걸으니 겨울이다
2배속에서 4배속으로 되감으며 필름도
철학이 될 수 있다고 역설하는 자의 문구가
영어식이다 그는 중국어에 능통하다
어디서 시작하고 어디서 끊어 읽는지를 정확히 아는
요령이 이 영화를 보는 첫 번째 관객이다
설거지를 미뤄 놓고 나는 네 번째 본다
모르니까 자꾸 만원이다

그게 뭘까?

흉내가 뭔지 모르는
새를 향해서
날개를 뻗었다
나의 날개로 만든 팔을
뻗어서
새를 움켜쥐고
희생이 뭔지 모르는
애벌레를 갖다 대었다
그 주둥이에
아직도 할 말이 남았다고 믿는
시를 들려주었다
생계가 뭔지 모르는
나의 생계를 반성하면서
그 반성을 반성하면서
머리 없는 새는 날아오른다
반성과 더불어
익어 가는 이 시를
이제 막 배설하였다
배설이 뭔지 모르는

이 시의 주둥이를
콕콕 찍어서
죽였다
그게 뭘까?
그게 뭘까?
나는 꾹꾹
눌러서 쓴다
메모지에
약속 시간과 장소를
쓰고 나갔다

흔들

꽃들을 다 그리고도 남는 꽃들
나비가 앉았다 간 뒤에도 마저 흔들리는 나비

바람도 불지 않는 곳에서
애벌레 기어오르다가 슬몃 흘리고 간 애벌레
바람이 핥고 가고 햇볕이 남김없이
빨아들이고도 남는 햇볕

살랑살랑 나뭇잎을 흔들고
떨어지는 나뭇잎; 모두가 여기 있고
아무도 밟지 않은 이 연기를 타고 올라간다

다 자란 뒤에도 더 자라는 뱀이 기어간다

찬 달 아니면 뜨거운 달을 밟는

눈이 내리면 나타날 것이다
아름다운 창문 소리가
찬 달 아니면 뜨거운 달을 밟는
건조한 지하수 소리가

나는 내 넋을 본받지 않고
내린다; 동전이 내는 깨알 같은 동전 소리를
발가락을 닮은 이 작은 벌레들의
소란스러움을

타악기도 현악기도 아닌
이 건반 소리를;
귀머거리는 듣는다 한 걸음씩

눈을 떠 가는 봉사가 말한다
밖으로 난 내장을
구불구불 기어서 오는 빛의
조용한 귀가를

아, 나타나지 않고 고향은
말하는구나!
상공의 눈부신 수액 소리가
굴뚝에 매달린 아름다운
연기 소리가

차가운 소리를 낸다
아니면;
봄에 본 잎사귀가 나무를 턴다
잘게 부서지는 잎맥의
저녁나무 숲을 걸어

몇 마리 새가 아주 먼 소문을
듣고 왔다;
울적한 오후가 지배하는 그 몸속에서*

얼굴을 파묻는 눈이 내린다
황혼이 식어 가는 새벽**

이 아름다운 창문 소리를
듣고 왔다

찬 달 아니면 뜨거운 달을 밟는

* ** 말라르메, 「봄」에서 변용.

식탁 저편에서 태양이 떠오를 때

식탁 저편에서 태양이 떠오를 때
당신은 기분이 좋아졌다
때로는 웃으면서
때로는 진지하게
화폭을 얘기하고 물감을 트집 잡으며
이 태양이 사실적으로 떠오르지 않는 이유를
초승달처럼
방긋 웃고 있는 이유를 생각하였다
알 듯 모를 듯 질문을 던지는
한 사람의 등진 모습을 상상하며
그 모습의 불완전한 붓끝을 생각하며
물감을 떨어뜨리고
윗도리와 바지를 갈아입으며
번지는 태양
지저분한 별밤
그리고 보라색에 가까운
식탁 저편의 식사
당신은 뜨거운 수프와 감자와
아무것도 먹지 않은 개를 데리고서

산책 나갔다 돌아오는 한 사람의
무한히 먼 그림자를 회상하며
기분이 좋아졌다
해가 지고 있다
태양이 떠들고 있다
때로는 웃으면서
때로는 진지하게
식탁 아래 발가락을 간질이며
둘이서 식사를 한다
아무것도 먹지 않은 개와 함께
둥실 떠오르는 내일 아침의
식사와 함께
늦은 밤부터 이튿날 새벽까지
누워 있는 한 사람의 무책임한 시체와 함께
다시 일어나는
이 그림자의 주인공과 함께
다시 밤이 올 때까지
간신히 산을 넘어가고 있는
태양이 뿌려 놓은 수많은 후계자들을

기억하며 당신은
이 그림의 제목을 정하였다
명료하지 않은 이 어두움을
불투명한 나신을
자랑스럽게 생각한다
해가 지고 있다
식탁 저편에서
개가 쭈그리고 앉은 식탁 아래로
붓질에 따라
조금씩 일렁이는 그 바람을 따라
때로는 웃으면서
때로는 진지하게
며칠이 지났는지 모를 시체와 함께
잠에서 깬 당신은 당신의 등을
가장 먼저 더듬어 보고
기분이 좋아졌다
여전히 식탁이 뒹굴고 있다
영원히 태양이 구르고 있다
발밑에서

그리고 배를 깔고 누운
어느 포유류의 허기진 꿈속에서
어느 예술가의 지루한 탈피 속에서
이제 끝에 와 있으며
다시 시작하는
식탁 저편의
시계와 달력을 깨부수며
곧 대단한 일이라도 생길 것처럼
떠오르는 해
꾸역꾸역 자신의 덩치를 잡아먹으며
때로는 황홀하게
때로는 먼지를 일으키며
한없이 달려가는 개

야간 근무

아래쪽을 보라. 청소부가 야간 낙엽을 쓸고 있다.
더 아래쪽을 보라. 인부들이 야간 무덤을 파고 있다.
훨씬 더 아래쪽을 보라. 광부들이 야간 소금을 캐고 있다.

모처럼 야간 비행에 성공한 조종사는
돌아와서 그 도시의 불빛들을 하나씩 점으로 옮긴다.
빛으로 치장한 이 도시의 야간 근무를
지도 위에서 완성하고 흡족해한다.

그리고 쓸쓸히 밤을 그려 나간다.
불빛 한 점 없는 사막에서

야간 도굴꾼의 얼굴이 황홀하게 빛난다.
미친 듯이 자신의 근무지를 파헤치고 있다.
더 깊이 더 깊이 곡괭이와 삽을 집어넣는 것이다.

지구 내부에서 어떤 보물이 올라올까?
밤이 뚫어져라 땅을 쳐다보고 있다.

관(棺)

그 피부에는 피가 흐르고
그 안쪽에는 먼지가 흐른다.
그 심장에는 안개가 끼어 있으며
그 주변에는 여러 사건들이 서성이며 배회하고 있다.
간신히 구별되는 비에 섞여 그는 곧 의식을 잃었고
그다음 일은 어느 누구와도 무관한 그곳에서
누군가 내 손을 붙잡고 사라졌다.
골목길 아니면 나의 피투성이
외투 속에서
혼자 있는 공간과 밤이 흐른다.

깨어나 보면 한 사람씩
가로수 밑으로 빨려 들어가는 꿈을 꾸었다.
저마다 다른 소원을 가지고 관에 들어가는 것이었다.
부디 이 먼지에 합류하길 바란다는 뜻에서.

내가 죽으면

내가 죽으면 이 가구는 누구에게로 갈까?
이 텔레비전은 누가 시청할 것이며
이 책들은 이제 누구를 위해서 할 일 없이
꽂혀 있을까? 옷장에도 남는 옷이 가득하다.
선반에도 쓸모없는 그릇이 몇 년째
먼지를 뒤집어쓰고 있다. 내가 죽으면

묘지는 되도록 먼 곳에 있거나
한곳에 모여 있을 것이다. 가난한 자들이
멀리 있어야 하듯이 사기꾼은 감옥에서
중환자는 병원에서 시체는 영안실에서
제각기 질서를 찾아간다. 내가 죽으면

아마도 예정된 장소를 찾아서
조문객들이 되돌아갈 것이다. 집이 아니라
먼 곳, 실내가 아니라 장례식장에서
나는 죽음을 두려워하지만
사람들은 그 시체를 더 두려워한다. 죽기 전에

나는 차곡차곡 안치된다. 보이는 곳에서
안 보이는 곳으로 가장 멀리 떨어진
외곽으로. 내가 죽으면 —
이 먼지는 이제 누가 보관할까?
대문을 열고 상속자들이 몰려든다.

헬렌, 무엇이 들립니까?

사이렌 소리가 지나간다.
나는 그녀의 손가락을 톡톡 건드린다.
무엇이 들립니까?
머리 근처에서 들립니다.

나는 바리톤 소리를 흉내 낸다.
그녀의 손가락을 톡톡 건드린다.
무엇이 들립니까?
발목 근처에서 들립니다.

나는 공원에서 주워 온 나뭇잎을 살랑살랑 흔든다.
무엇이 들립니까?
가까이에 공터가 생긴 것 같습니다.
조금만 더 간질이면 새끼 고양이가
일어날 시간입니다.

잠시 후 트럭이 지나간다.
무엇이 들립니까?
머리끝까지 땀 냄새가 올라옵니다.

지구 반대편에서 무슨 일이 있나요?
수백 명이 군화를 신고 있거나
수천 명이 증오하는 냄새가 들립니다.
지금 막 배꼽까지 다다랐어요.

옆방에서 못질하는 소리가 들린다.
무엇이 들립니까?
꿈을 깨는 장면에서 자주 엿봅니다.
아무리 닦아도 선명해지지 않는 창문 뒤의
남자가 흘끗흘끗 쳐다봅니다.
그가 입만 벙긋해도 땀에 젖는 내 꿈을
아홉 살 이후로 계속 듣습니다.
참지 마 참지 마 나의 피앙세~

놀라지 마세요. 나는 숨만 쉬고 있습니다.
무엇이 들립니까?
창고에서 자고 있는 구두 한 켤레가 이렇게 말했습니다.
나는 나의 발을 쥐어 본 적이 없어.
발목만 달아나는 그 소리 말이야.

오해하지 마세요.
나는 방금 전까지 아무 말도 안 했습니다.
무엇이 들립니까?
혼자 있는 애벌레가 왜 자꾸 미끄러질까요?
분명 파란색인데,
누르스름하고 울긋불긋하고 스스로 떠날 때를 찾습니다.

당신은 무엇 때문에 듣습니까?
들리지도 않는데 보이지도 않고
말하지도 않는데 무엇 때문에 표현합니까?
애벌레를 물고 간 어미 새의 딱딱한 부리만 생각합니다.
둥지를 틀고 앉은 그 뱃속에 새끼가 들었을까요?
애벌레가 들었을까요?
오늘은 꾸물거리며 태양이 조금 늦게
올라왔습니다.

그리고 나의 손가락을 두 번 톡톡 건드렸다.
그건 감사하다는 표시였다.
들리지 않는 나의 질문에 대해

감사의 표시로 그녀가 물었다.
무엇이 들립니까?

숨바꼭질

커튼 뒤에 숨어서 나는 유령이 되었다.
문 뒤에 숨어서 엿듣는 살인마가 되었고
식탁 아래 숨어서 신의 은신처를 떠올리는
착한 양이 되었다. 나는 유행에 뒤떨어진
물건을 주워서 새 옷을 입고 수거함에 버려진
장난감과 단둘이 얘기하는 사이가 되었다.
나는 구둣발에 차여서 신음하는 돌멩이를
발견하고 꺾어서 잡은 나비가 되었고
꽃이 되었고 서랍 속의 떨리는 보물섬이 되었다.
나의 지하실은 범죄 박물관을 흉내 내는
병기고를 고쳐 만든 눈부신 동물원이 되었으며
창문 뒤에 서서 곧바로 창문이 되거나
창문의 풍경이 되거나 적어도 안쪽의
어둠이 될 가능성이 높은 도박을 하였다.
장롱과 벽장과 신발장은 없는 사람의
옷으로 적당하지만 한 가지만 몰두하는
유령의 심장은 커튼 뒤에서도 희미하게 어울리는
빈방이 되었다. 얼굴 위에 흉터가 묻은 사람의
어두침침한 거실이 되거나 새로 생긴

분실물이 되었다. 갑자기 문을 열고 나와
창백한 손이 잡은 고함이 되기 전까지.

내 호주머니에 둥지를 튼 굴뚝새의 겨울

짤랑짤랑 동전 소리를 내면서
혁명이 왔다. 그 생각을 죽이기 위해
내 호주머니에도 겨울이 왔다.
더 많은 책과 슬픔을 보여 주기 위해
주변이 무성한 둥지를 틀고 주먹이 들어간다. 손가락도 없이
빈둥거리는 구두의 용도에 대해
부지런히 죽은 새의 발목을 물어 나르며
나무 아래 우두커니 서 있는 이 나무의 주인공에 대해 생각한다.

어떤 도끼들이 날아와서
나를 전복시킬지 알 수 없는 하루
무성하게 자란 굴뚝새의 잎사귀들이
집을 비우고 날아갔다. 주인공도 없이
비 오는 눈이 내리고 누군가 받기 위해서 전화를 걸었다.
이 마을의 광장이 하얗게 하얗게 목소리를 털어서
고백하고 있다. 먼지를 털 때처럼
지금은 모래를 섞어서 눈을 만드는 새벽

원인을 알 수 없는 모피 코트를 입고 지나가는
겨울이 온다. 숲 속의 호주머니 뒤에서

붙잡을 수 없는 장난감을 가지고 울던 아이들이 돌아온다.
몽롱할 때 가장 멀리 가는 연기 소리를 들으며.

그 곡은 딱 한 번 연주되었다

그 곡은 딱 한 번 연주되었다
베를린에서 빈에서 그리고 런던에서
음악이 가능한 거의 모든 도시에서
딱 한 번 연주되고 사라졌다
그 음악은 그 곡 하나뿐이며
두 번 연주되는 법이 없으며
작곡가와 연주가와 지휘자와
관객이 동일한 극장에서
동일한 시간대에 딱 한 번 연주되고
이동한다; 각자의 집으로
각자의 흩어짐과 각자의 웅성거림을
골목 끝까지 몰고 가서 얘기한다
이 음악은 연주되었노라고
그 곡의 마지막이자 최초를 들었노라고
각자의 입김을 섞어 가며 상공 높은 곳에
있을지도 모를 티끌 같은 잔해들을
상상한다; 얼굴 위에서
불러 모으며 흘러 다니며
가둬 버리는 장소가 없음을

저 상공의 밤하늘이 이 지상의
굴뚝과 연기와 소스라치게 놀라는 새의 깃털들이
일러 준다; 스스로의 몸으로 증명한다
나의 생각과 운동과 사라짐을
어떤 율동에 맞춰서 다시 끼워 맞출까?
벌어진 틈이 좀 더 벌어진 틈을 벌리며
기억은 새어 나온다; 음악은 흩어진다
말을 하는 순간 말이 사라져 버리는 이 도시에서
지상의 언어를 받아 적는 자는 행복하다
지하의 언어를 받아 적는 자는 행복하다
그 말은 어디에도 없으니 그 말의 출처는
녹음실에 있지 않으며 혀끝에서도 묻어나지 않으니
달아나고 있다; 누군가의 귀와 너무나도 넓은
이 대기의 귓속으로 흘러가며 불러 가며
한 사람의 입이 말하고 있다 거의 모든 도시에서

미래

미래에 비해 과거는 많이 엄숙해졌고 진지해졌으며
그래서 문제라고 아이들이 말했다. 듣기 싫은 노래를
귀가 아프게 듣고 자라서 하나같이 잔소리를 늘어놓는다.
예전에는 안 그랬는데…… 누구 잘못이랄 것도 없이
우리는 늙는다. 늙어서 아이가 되는 동물의 정신세계를
이해할 수 없는 표정이었다.

인터뷰

　나는 여러 시간의 천재들을 만나 봐서 어느 한 가지도 대답 못합니다. 그들의 답변은 늘 돌아서서 다른 생각을 부추기지요. 한번은 이 도시를 경영하는 자를 만났을 때의 일입니다. 그가 걱정하는 것은 이 도시이면서 앞으로 자신이 뻗어 가야 할 고민이 이 나라의 미래에 있다는 사실을 은근히 강조하더군요. 국가를 경영하는 훗날의 모습이 당신의 어깨 위에서 완성되기를 바란다고 마지막으로 인사하고 돌아오던 날 저녁, 나는 그를 인터뷰한 글을 완성하기 위해 열심히 자판을 두들기다가 내가 쓰는 문장이 너무 어렵다는 생각을 문득 하게 되었습니다. 이러면 독자들이 힘들어하지. 아니면 무관심으로 일관할지도 모른다는 생각을 하게 됩니다. 그러면 내 밥줄이 끊어질지도 모르지요. 쉽게 씁시다. 잡지 편집자가 보내온 충고성 발언은 충분히 납득이 가고 나의 고민은 시에서 조금 멀어지고 이 글을 읽을지도 모르는 무수한 독자들 중 일부를 겨냥하는 나의 생각을 조금씩 파기해 버리고 이제 예술가는 외롭고 쓸쓸하고 고독하다는 중언부언을 그만두기로 결심합니다. 시는 이다음에 써도 괴롭지 않은 일. 나는 내 밥줄을 탐내는 일부 동료들의 질투 어린 시선도 따갑게 느끼면서 어차피 먹고살기 위한 일이라면 편집자의 충고가 고맙다는 생각도 슬쩍 끼워서 답신을 보냅니다. 편집자에게는 편집자의 시간이 있고 동료들에게는 동료들의 시간이 있으며 잡문을 쓰는 시인에게는 부족하나마 잡문의 시간이 있어야 하니까요. 내가 생각하는 시인은 어느 한 가지도 대답을 못합니다. 그는 글을 쓰다 말고 티브이를 켜고 침대에 누워서 공룡대탐험과 이종격투기 프로그램을 번갈아 가며 시청합니다. 먹고 먹히는 싸움이야 시인의 시간과 공룡의 시간과 저 우락부락한 거구들의 시간이 다르지 않겠지만 개중에서도 날렵한 어느 무에타이 선수는 단 한 번의 킥으로 자신보다 두 배는 더 무거워 보이는 상대를 가뿐히 쓰러뜨립니다. 마치 공룡이 쓰러지는 것 같습니다. 육식 공룡이 그보다 더 육중한 초식 공룡을 쓰러뜨리며 잡아먹는 것은 또 있습니다. 아마도 어느 초식 공룡의 한가로운 식사 시간이겠지요. 식사가 식사를 잡아먹고 시간이 시간을 쓰러뜨리고 살점과 내장을 뜯어먹으며 포효하는 시간. 1억 6천만 년의 그 긴 시간을 지루하게 버텨 온 포유동물의 조그맣고 보잘것없는 은둔 시간을 상상하다가 깜빡 잠이 들지도 모르는 시간. 꿈은 꿈의 시간을 살다가 무대 위에 슬그머니 나를 내려놓고 팔다리가 제멋대로 날뛰는 이 구체관절인형을 조금씩 자신의 입맛에 맞게 다듬어 갑니다. 언제나 잠을 깨는 순간이 있고 이리저리 날뛰는 팔다리가 몹시도 축축한 나의 꿈자리를 확인한 뒤에도 나는 무대에서 내려올 생각이 없습니다. 누가 끄집어 올리기 전까지는 나의 주인공이 행동하고 실천하고 사색하는 무대는 어지럽고 산만하고 때때로 고통스러운 시간을 살다가 사라집니다. 그것을 몇 번에 걸쳐 나누어 볼 때도 있습니다. 시간이 끊어지고 다시 연결되는 시간. 내 생각이 공룡처럼 두꺼운 피부보다는 피부 밑을 흐르는 얇은 먼지와 연기의 시간에 민감한 이유도 어쩌면 여러 시간이 새겨 놓은 나의 머릿속이 어지럽기 때문인지 모르겠습니다. 아무튼 나는 잠에서 깨어납니다. 꿈 다음에 오는 시간은 이제 쓰다가 만 글을 마무리 짓는 생각과 이어집니다. 국가를 경영하는 자는 자신과 이 나라의 미래에 온통 시간을 쏟아붓겠지요. 생각은 거기서 정리가 되고 결심이 서고 마침내 선언하는 시간을 가집니다. 내 생각과 그의 생각이 연결되는 시간은 극히 적지만, 드물게 연결되는 그 시간이 나의 삶을 일부 지배하고 있다는 사실도 여전히 부정 못합니다. 그나저나 공룡은 살았던 걸까요?

이 사실도 부정 못합니다. 긍정도 여기서는 힘이 없습니다. 긍정의 시간과 부정의 시간 사이에 나는 여전히 아리송한 질문의 시간을 쏟아붓습니다. 이 섬과 저 섬을 나누는 바다는 바다의 시간을 모두 품어 안고 질문합니다. 모든 질문을 삼켜 버릴 듯이 난폭한 파도가 어떻게 생명을 탄생시키고 지금의 이 질문까지 탄생시켰을까요? 나는 너무 넓은 바다 대신 뾰족한 봉우리 하나에 모래알 하나를 얹어 놓는 질문으로 돌아갑니다. 내 목숨과 내 목숨을 떠받치는 이 불안한 몸뚱어리가 계속 작동해 가는 사실이 고맙고 어리둥절하고 믿지 못할 소문에 둘러싸인 사람처럼 내내 신기하고 불안합니다. 불안이 반복된다고 더 불안할 이유가 없겠지만, 내 문장이 불안하다고 지적하는 사람들의 진심 어린 충고는 이상하게 불안합니다. 저들이 못마땅한 이유와 내가 불안한 이유가 왜 이렇게 다른 시간을 살고 있는 걸까요? 그들이 고민하는 시와 내가 고민하는 시가 왜 다른 무대에서 살면 안 되는 걸까요? 모든 것이 연기로 돌아가는 시간 속에서 그것은 충분히 하나의 심정으로 굳어질 수도 있습니다. 다만 못마땅할 뿐이지요. 드라마의 시간과 다큐멘터리의 시간이 다르다고 불평하지 않습니다. 세계를 운영하는 시간과 세계를 파괴하는 시간이 어느 대통령의 입에서 같은 발음으로 튀어나오듯이 나는 못마땅한 그들의 입에서 나와 똑같은 입김이 나오는 것이 신기하지 않습니다. 우리는 다르게 진화해 갈 겁니다. 모든 것이 연기로 돌아가는 시간 속에서 별과 행성이 같은 이름에서 다른 우주로 운행을 바꾸어 가듯이. 미생물과 분자 덩어리의 극단적인 차이가 우리 눈에는 보이지 않는 한 덩어리 먼지로 다가오듯이. 나는 모든 것을 빨아들이고 내뱉을 준비가 된 벌레 구멍의 처음과 끝을 상상합니다. 그 시간들이 이렇게도 많은 천재들을 만들어 냈습니다. 나는 어느 한 가지도 대답 못합니다. 낮에 만났던 이 도시의 경영자가 모든 질문에 대답할 준비가 되어 있던 것과 달리. 그는 아무래도 국가를 경영할 모양입니다. 이다음엔 세계를 운영하는 자의 대답을 들어 보고 싶습니다. 아마도 시간이 없다고 거부할 테지만요.

이보다 명확한 이유를 본 적이 없다

이보다 명확한 사건을 본 적이 없다.
사건 다음에 문장이 생기는 것이 아니라
문장 다음에 사건이 생긴다. 어떤 문장은 매우 예지적이다.
어떤 문장은 매우 불길하다. 그리고 어떤 문장은
자신의 말에 일말의 책임을 진다. 그것은 조금 더 불행해졌다.

당신 앞에서 누가 손을 내미는가. 그것은 거지의 손이거나
도움의 손길. 아니면 서로가 평등하다고 착각하는
무리들의 우두머리가 맨 처음 만나서 나누는 인사.
그들은 무리들을 대표한다는 점에서 동일하지만, 평등하지는 않다.
공평하지도 않다. 누군가의 손이 더 크다. 이 문장이
사소한 분쟁을 일으킨다. 커다란 의문에 휩싸인다.

약속대로 전쟁이 터졌다. "할머니가 돌아가셨다."*
이 문장으로 수천만의 목숨이 미세하게 저울질된다.
삶과 죽음, 이 말은 너무 단순하다.
적과 아군, 이 말은 너무 명쾌하다.

사방에서 포로들이 몰려온다. 적들과 함께
아군과 더불어 포성을 입에 물고서 그들은 선포한다.
내 손에 백기가 쥐어지고 말없이 흔들릴 때까지
총은 여전히 장전 중이다. 탕, 하고 문장을 시작했다.
딱, 하고 깃대가 부러진다. 뚝, 하고 울음을 그치는 자
강요에 못 이겨 나는 선포한다. 이 문장에도 사인하고
저 문장에도 마침표를 찍으며 시신은 누구나 알아볼 수 있도록
　　화장하였다. 재를 뿌리고서야 우리는 넋 빠진 종이에서
　　무너진 건물과 건물보다 더 높은 우리들의 사기를 내려
놓았다.
그것은 유유히 떠내려간다. 문장이 시키는 대로
　　강물은 푸르고 한때는 핏빛이고 바다는 모든 시신을
　　집어삼키고도 모자란 입을 보여 준다. 한두 문장으로는
부족하다.

　　거의 모든 대륙에서 포로가 돌아왔다. 그 많은 문장이
　　　종전을 향해 치닫는다. 대부분의 헌법이 새로 씌어지고
있다.

어떤 문장은 매우 단호하다. 어떤 문장은 미리부터 예외를 짐작한다.

누군가의 입김이 사건을 흐려 놓는다. 그 말이 사건을 제압한다.

이보다 명확한 이유를 본 적이 없다. 혼란한 정국을 틈타 문장들이 새로 완성된다. 논리와 오류를 함께 내장한 문장. 이전에도 그랬고 이후에도 그랬고 지금 이 순간의 문장이 가장 중요하다. 밤하늘의 별들이 그 선언으로 완성된다. 논리와 오류를 함께 지니고서 태양은 빛나고 별은 겉돌고 달은 움직이지 않는다. 순간순간을 파괴하며 돌아오는 말 지구는 팽창 중이다. 국가는 쇠락 중이며 우주는 얼어 죽고 별은 타 죽기 위하여 불필요한 수식을 제거한다. 과학자의 입에서

대답하기 귀찮을 때 빅뱅이 튀어나왔다.

라디오 프로그램에서 그 단어가 다시 튀어나왔다.

우연한 몇 초 사이에 그 단어는 몇십억 배의 크기로 확장되었다.

안데스 산맥의 오지에서도 그 단어는 발견된다.

흘러가는 시궁창의 입구에서도 그 단어는 발견된다. 소용돌이치며
　개수구의 물이 빨려 들어간다. 누군가의 입에서
　점점 더 큰 누군가의 입으로 연기와 가스와 또 하나의
　문장이 전달된다. 태초에 문장이 있었다. 직전의 말씀을 거느리고
　직후의 폭발과 살육과 자비를 모두 간직한 종교.
　문장이 말씀을 완성해 간다. 들리지 않는 그 목소리를

　변호인이 대신 얘기한다. 섬세한 손놀림이
　산더미 같은 서류를 못 따라갈 때
　당신은 망치를 세 번 두드리고 당신은 철창을 여러 번 두드리고
　목소리는 조금이라도 더 멀리 탈출하려고 악을 쓴다.
　대부분 법망을 벗어나지 못하겠지만, 논리와 오류를 함께 간직한
　이 문장은 사정이 조금 다르다. 누구의 사정도 동정하지 않겠지만,
　누군가의 사건은 몹시도 힘이 세다. 이 문장은 불필요하다.

이 문장은 생략해도 무방하다. 그 말이 사건을 제압한다.

그 입김이 문장을 지워 간다. 이보다 명확한 이유를 본 적이 없다.

그가 살아야 하는 이유. 그리고 대부분이 침묵하는 이유.

---

* 1939년 9월 1일 독일이 폴란드를 침공할 때 사용한 암호명.

취향의 문제

쥐는 싫어하지만 고양이는 귀여워한다.
고양이는 귀여워하지만 덩치 큰 개는 무서워한다.
덩치 큰 개는 무서워하지만 악어는 집에서 기른다.
악어는 애완동물이지만 악어새는 고려 사항이 아니다.

진딧물은 개미와 공생 관계이지만
개미는 다른 개미를 노예로 부린다.
사람은 동족을 잡아먹지만 종교에 따라
개 돼지 소는 먹지 않는다.

19세기의 프랑스를 좋아하지만
파리는 못 가 봤고
달팽이 요리는 못 먹어 봤지만
브리지트 바르도의 텅 빈 머리는 즐겨 씹는다.

말은 싫어하지만 때에 따라서 아주 맛있는 고기다.
전위는 새롭지만 선호하는 부위가 다르다.

꼬마 한스 되기

꼬마 한스는 벌레가 되고 싶었다.
한때는 말이 되고 싶었지만
지금은 개가 되고 싶었다.
그러니까 어제 일이다.

현관에서 만난 한스는 개가 되기 위하여
자신의 개를 조금 움직였다.
개는 천천히 구두를 신고 나갔다.
양손이 따뜻해지는 것 같다.

그러니까 어제 일이다.
현관에서 만난 한스는 우유갑을
입에 물고 손님에게 갖다 주었다.
미친 듯이 꼬리뼈를 흔드는 손님의
엉덩이를 정성껏 쓰다듬어 주었다.
혀가 더 길었으면 항문까지 닦아 주었을 텐데.

아쉽다. 여전히 먹을 것이 입에 들어온다.
꼬리만 남겨 두고 다 발라 먹은

시체를 어디에다 저장해 둘까.
이제부터 입은 궁금해서 짖는다.
불안해서 침을 흘리고
배고파서 다음 날.

곤충이 사는 집에 들렀다.
다음 날의 꼬마 한스는
열심히 팔다리 운동을 한다.
누구보다 가늘어지는 곤충의
위치를 조금씩 움직였다.
이곳에 팔다리가
하나씩 더 있다고 생각해.

가슴팍에 뾰족 솟은 털을 보여 주며
꼬마 한스가 시큰둥하게 웃었다.
귀를 쫑긋 세우고 새가 되는 연습을
작곡하기로 결심하였다.
그러니까 어제 일이다.

현관에서 만난 한스는 어제까지 불필요한
입술을 부리처럼 콕콕 쪼았다.
이빨을 갈면서 매일 그 연습을
상상하였다. 즐겁게
그리고 우스꽝스럽게

다시 태어나는 꼬마 한스의
더듬이를 밟을까 봐 조심조심 걸으면서
나는 분명 날고 있다고 확신했다.
베란다에서 떨어지기 직전 그 생각을
다시 먹고 무한정 배설했다.
아래쪽으로 아래쪽으로

깃털을 휘날리며 떨어지고 있다.
꽁지머리 한스의 얼굴이
험악하게 변해 갔지만 그건 너무 작다.
그 얼굴을 조금만 더 키웠더라면
괴물이 되었을 텐데.

귀엽다. 다시 태어나는 한스의 뒤통수
으깨어지는 그 얼굴의 피 묻은 꽁지머리
함께 만나서 반가웠고
둘 다 사람이 되기 싫었던
어떤 한스의 목소리를 흉내 내 본다.
마지막으로 어떤 동물의 정체를
그 머리통이 확 싸질러 놓았다.

대가리가 되거나 꼬리가 되거나
더듬더듬 발을 더듬는 곤충의
털 묻은 타액을 찍어 바르면서
한스는 말하면서 소리쳤다.
소리치면서 말하였다.

나는 잠시 다른 호흡이었다.
이제 돌아와서 털 구두를 신는다.
양손이 따뜻해지고 있다고
꼬마 한스가 대신 말해 주었다.

톰의 혼령들

우리는 그를 매우 멋지구리한 놈으로 기억한다.

공원에서 그를 만났을 때 그는 성공한 비둘기들 틈에 섞여 있었다. 천천히 또박또박 걸어와서 자신의 신분을 밝혔다. 바로 옆에서 톰의 혼령들이 지나간다. 아마도 왕이 죽었을 때 신는 백구두 소리였을 것이다. 침묵하지도 과묵하지도 않은 우리는 한 사람씩 생면부지의 돼지고기를 먹고 울었다. 당분간.

종이 울리면 생각은 또 바뀐다. 그는 참 멋지구리한 인간이었는데, 그다음에 오는 것들. 저녁 7시와 8시 사이 잠시 쉬어 가는 페이지를 마련하고 해먹에 누워서 어떤 글도 성의 있게 쓰지 않을 자신이 있다는 작가의 글을 읽었다. 여름은 금방금방 지나간다. 겨울이 금방금방 지나간다. 봄에 본 나무도 가을에 지는 잎도 금방금방 지나간다. 방금 전의 혼령들이 지나간다.

매우 럭셔리한 얼룩을 묻히고 있었다. 어디서 구했을까? 물어보았지만 그는 그 인사를 어디서 구했는지 모른다.

저녁에 겨울색 꽃무늬 남방을 입고 그가 찾아왔다. 그는 한동안 의식주에 숨어 살았다고 또박또박 성명서를 읽어준다. 가련하고 기특하군. 그를 대하는 우리의 태도는 이렇듯 극명하게 갈라져서 밀실을 말한다.

무엇보다 우리가 잘 있는지 궁금하였다. 무엇보다 밤에 이런 질문을 하는 사람들은 한 번쯤 의심해 보아야 한다. 나의 양말과 나의 소지품은 왜 전부 검은색인가? 달갑지 않은 선물을 받아서 기분이 좋은 사람들은 그런 표정을 짓지 않는다. 속옷을 펼쳐 보면 집을 떠나고 싶어서 무지 고생한 사람으로 나오는 자들도 그런 표정을 짓지 않는다. 그는 걸으면서 죽어 갔다.

그는 이렇게 권유한다. 우리는 그를 매우 멋지구리한 놈으로 기억한다고. 그 기억이 틀렸다면 그의 권유도 얌전히 돌변할 것이다.

나는 괴한이 되고 말았다.

그리고 전에 알고 있던 울음을 조용히 터뜨렸다. 무시무시한 여름 다음에 오는 괴한들. 으스스 춥고 오로지 어둡고 밤이 되어서야 통성명을 하는 자들의 시간. 새벽이 되어서야 온순한 발톱을 드러내는 페이지. 생면부지의 돼지고기와 함께.

혼자서 밥을 먹고 둘이서 식사를 하고 셋이서 춤을 추고 다섯이서 나머지 한 명을 찾아다니는 시간. 네 명은 어쩐지 불안하다. 피로하고 흥분하고 다정한 그의 세계를 밤의 공기가 어떻게 일러 주겠는가.

그보다 빠르게 생략되는 존재는 없다.

지나가는 바지를 먹고 비정한 미소를 짓고 있다. 내 몸은 내가 합류하는 장소라는 것을 그 뭉툭한 바지가 알려 줄 때까지 나는 돈을 내고 나온 적이 없다. 영화관에서 이발소에서 그리고 공중 화장실에서 300년 된 낙서를 발견하고 방관자의 혀를 가지고 있는 내 몸을 원망하였다. 아마도 왕이 죽었을 때 신는 백구두 소리였을 것이다. 침묵하지

도 과묵하지도 않은

　나는 밋밋해지기 위해 최대한 노력하고 있습니다. 주인공의 이 말은 나를 안심시키는 발언인가, 불행하게 하는 발언인가? 아마도 둘 답니다. 주인공의 이 말은 내 생각을 거치지 않고 나온 말인가, 왕의 말인가? 짐은 입을 다무셔야겠습니다. ─ 서기 1704년 4월 17일.

　톰의 혼령들이 지나간다.

　바로 옆에서 폭주 스타킹을 신은 소녀들이 지나간다. 아마도 바람색 망사 스타킹이었을 것이다. 왕은 존재하지 않는 소리를 낸다.

톰의 혼령들과 하품하는 친구들

감탄사는 마스크를 쓰고 있다고 내가 말했니?
접속사는 다리를 절고 있다고 내가 말했지.

그럼 누가 말한 거니?
내 앞에서 〈아!〉 한 자와
내 뒤에서 〈그리고〉 하고 부른 자.
둘은 서로를 몰라. 마치 너와 내가
새로 이사 온 사람들처럼
말을 높일 때

누가 이사 왔니?
네 친구하고 내 친구는 친하지. 그런데 너와 나는
이제 인사하구나. 안녕 하고 말하니까
안녕 하고 말해야지.

그건 같다는 말이니? 갔다는 뜻이니?
돌아오면 얘기해 줄래.
그사이 새로 사귄 친구들이 모두 정직해.
아니면 고뇌하는 왕을 위해

헌신하고 있어.

〈정직한 발차기〉는 언제 나오는 거니?
지루해서 채널을 돌렸을 때
픽 하고 쓰러지는 그 친구가 아무 말도 안 하디?
당분간 없을 거야.

너도 참 외로운 정신세계구나.
너는 참 생각이 많은 발이구.
어디 가서 잘까?
미안하지만
나는 괴한이 되고 말았어.

복면을 쓰고 걸어갈 만한 거리가 나올 때까지
마스크를 빌려 줘. 흰 마스크.
그건 달갑지 않은 선물이지만
참 좋겠다. 다리는 뭘로 가릴래?

내 털은 엉겨서 서로를 그리워해. 이상하지?

나는 대답만 하고 있어. 너처럼.

(그리고 일주일 뒤에 텔레비전이 꺼졌다)

여긴 혼령들의 천국이구나.
그건 네 생각이고 우리 생각은 조금
다를 거라고 봐. 생각할수록 우린 닮지 않았니?
천국의 재료들처럼.

우유하고 부단하고 냄새나는 세계는 같은 말이야.
똑같이 걸어가서 돌아올 때는
감탄사가 다르지. 〈아〉와 〈악〉
그리고와 그러나, 그럼에도 불구하고와
〈하나〉가 더 있지.

〈암〉 그렇고말고.
돈을 내지 않고 나왔으니까.
떠나와서 우리가 잘 있는지 궁금하구나.
나는 복면이 되고 말았어.

있으나 마나 한 형벌이지만,
달게 받아라.
너의 진심을 보고하면 이런 뜻일까?
붕대를 풀면서 우리는 같은 편이라고 생각했구나.

그건 나를 안심시키는 발언이야, 안 보이게 하는 발언이야?
둘 달 거야. 너는 방관자의 혀를 가지고 있고
나는 밋밋해지기 위해 최선을 다하고 있어.
주름이 하나도 없는 뇌 말이야.

궁금하다면 〈소뇌먹기대회〉에 나가 볼래?
소눈먹기대회, 소혀먹기대회 다 나가 봤어.
고환만 못 먹어 봤지.
이상한 친구들이구나.
그러고는 단백질에 취해 잤어.

너의 하품하는 친구들을 용서해 줄게.
자고 나면 머리에 있는 공터가 간지러워.
모든 언어는 은어니까

적당한 이유와 사진만 가지고 있으면 돼.

통과할 수 있을까?
내일 비가 오면은.
나에게는 친구도 없고 흔적도 없는데
무슨 낯으로 들고 오겠니?
그럼 내려놔.

바위의 심리 치료가 아직 안 끝났어.
2년 동안의 정신이 거기 다 들어가 있다더군.
누구 말이야?
꼼짝없이 86,400초를 기다리게 한 사람.
그러고는?

물 건너갔어.
아니면 말없이 바위의 결정을 따라야겠지.
좀 더 걸을까?
아니, 나는 생소하거든.

이곳의 날씨는 어떨까?
여전히 기대에는 못 미치지만,
많이 추워졌구나.
여기 기다리고 있으면 나타날 거야.
어떻게 걸어왔는지 궁금한 사람.
가령?

100% 불쌍한 아저씨!
99% 울고 있는 아저씨!
안녕하세요?
그 인사는 어디서 구했니?
여전히 기대에는 못 미치지만,
많이 기다렸어요.

친구는 어디 갔니?
참 멋지구리한 인간이었는데.
깨달은 자의 변명 같은 게 느껴져서
집에 갔어요.

그건 뭐니? 매우 럭셔리한 얼룩인데?
약간 선정적이고
약간 폭력적이고
약간 거친 단어를 쓰는 아저씨!
그렇게 말하는 아저씨도 어딘가 부해 보여요.

이 옷이 죽은 사람처럼 몹시 커서 그렇구나.
물에 띄울까 불에 태울까 고민이겠어요.
고민은 집에 가서 하거라~
이 노래를 들으면 참 슬퍼요.

친구가 오면 불러 보자.
저기 오는 친구는 남인가요?
너는 왜 이렇게 늦었니?
혼자서 왔어. 머리를 긁적이며.

때깔이 좋구나.
자기 전에 바르는 약은 다 발랐니?
미안하지만 그건 밤이야. 이건 낮이고.

그 먼 길을 어떻게 걸어서 왔니?
비가 왔고 눈이 내렸고 바람이 불었어.

(그리고 일주일 뒤에 텔레비전이 켜졌다)

우리가 잘 있는지 궁금하구나.
내 혀가 여기 있는지도.

유령 시장

당신과 내가 유령 시장에서 만났을 때
지불해야 될 돈을 놓고 한동안 실랑이를 벌였을 때
당신이 처음으로 했던 말은 '얼마?'였고
내가 마지막으로 했던 말도 '얼마?'였다

얼마를 사이에 두고 흥정은 깨졌다 얼마간
유령이 필요한 사람은 나였고 얼마간
유령을 보관해야 될 사람도 너였다 당신,

유령의 가치를 돈으로 환산할 줄 모르는 사람아
얼마나 많은 단어와 세금이 필요한지도 모르는
손님아, 당신 손에는 지금 현찰이 있고
내 손에는 금방이라도 따라갈 수 있는 유령의
착한 손이 있는데, 창백한 의도도 모르는 이 손목아

 당신이 고객이라니! 그건 당신 생각이고 믿기지 않는 그 가격에
 얼마나 많은 친구들이 유령을 포기했는지 아는가
 모르는가 내 질문과 대답은 끝도 없이 이어지는

시장 길을 따라서 조금씩 투명해지는데,

투명해서 좋을 것 없는 건 당신의 의도 아닌가
만질수록 모자라는 유령의 윤곽이 어떻게
애완용으로 변신할 수 있는가 닿으면 보잘것없이
수축하는 옆구리, 손을 넣으면 감촉도 없이
흡수하는 그 뱃속에서 살아 돌아온 손목은 말한다

좀 더 나를 가져가세요 당신의 의도만 있다면
나는 충분히 움직이고 흐름이 없습니다 당신을 따라
말 못하는 고함이 될 수도 있습니다
당신이 보지 않으면 안 보이는 곳에서
당신이 숨어 있으면 나 또한 백주대낮에
가축들 속으로 사라지는 나를 봅니다

음매 하는 소리를 들었다면 그건 납니다
꿱 하는 소리를 들었다면 그 또한 돼지가 아닙니다
시장은 분주하고 행인은 저 혼자 걷는 사람이 아닙니다
상인은 저 혼자 물건을 진열하지 않습니다

각자의 소속감이 있고 각자의 말 못하는 친구가 있고
대화는 투명해서 너무나 잘 들리는 이 골목에서

귀먹은 손님이여 당신은 주인이라는 단어를 모르는가
아는가 대답이 없다면 흥정은 깨졌다 돼지를 가져가라
얼마면 되겠는가? 돼지는 말을 못한다 손님은
돼지의 말에 무관심한 소를 데리고 유유히 사라졌다
서로 통하는 골목마다 흥정하는 소리가 커졌다
작아졌다 흩어지는 연기를 따라가는 유령은 먼지처럼
드물다
 없거나 외롭다, 멀리까지 손을 뻗는다

광장

그 많은 노점상들이 사라진 곳에서
기차가 진입하고 또 돌아가는 곳에서

손 흔들고 멀어지는 술 취한 아이들의 걸음걸이 속에서
아는 사람보다 죽은 사람이 더 많은 아스팔트 위에서

처음 보는 사람을 꼭 껴안아 보는 착각 속에서
안면 없는 얼굴이 종이꽃처럼 구겨지는 분수 위에서

손을 넣으면 손이 담기고 발을 넣으면
발목부터 사라지는 얕은 물결과 웃음 속에서

너무 많은 모래가 한가롭게 쌓아 놓은 건물 위에서
흩어졌다 돌아오는 긴 골목길의 훌륭한 그림자 속에서

다짐하고 술을 마시고 술을 마시고 다짐하는
친구들의 빈 호주머니 속에서

아무도 만나지 못할까 두려운 이 어리둥절한 벤치 위에서
기차가 진입하고 또 돌아가는 곳에서

먼지 행성의 주민들

우리는 혁명적인 모래사장을 가지고 태어났다
똥을 참아 가며 그 연설을 듣는다
어디가 틀렸고 어디가 어색한지
맞춤법을 모르는 소년은 바닷물에 빠져서 허우적댄다
인파를 관리하는 관리는 두 번의 승진을 거친 후에
가족들에게 돌아가는 새끼 고양이의 장래를 어루만지고
싶다 조금 더 고통스러운 설문 조사가 필요하다고
설득하는 우리들의 낯 뜨거운 태양 아래
숨죽이고 하품하는 먼지 속의 유권자 한 명이 살해당하고
돌아왔다 기상 캐스터는 태풍이 오는 것처럼 호들갑스럽다
보이지도 않는데 제주도 남쪽은 벌써 하얗다
머리까지 하얗다 눈썹에도 흰 눈이 내려 백두산을 다 보고
왔다는 사실을 어떻게든 믿으라는 눈치를 나만 모른다고
외면할 수 없는 겨울이다 여름이 다 갔다
사람이 바뀌었다고 우리가 지지하는 폭풍은
소멸하면서 긴 꼬리를 남기고 잠적하였다 나 여기 있다고
깨알 같은 군중 심리를 이용하는 파도타기 응원 때문에
백사장의 낙오하는 먼지가 술렁거렸다

자존심

바다보다 높은 육지가 있기 때문에 바다가 흘러넘친다
바다보다 깊은 육지는 다른 식으로 분노한다고
자존심에 깊은 상처를 입은 동료가 목청을 높일 때
나는 그가 바다인지 육지인지 알 수 없는 자존심 때문에
억울해하는 장면을 오래 방영하고 싶지 않아서
내 자존심에 대해 털어놓는다 상처 입은 내 자존심도
너 못지않게 흘러넘쳤다가 잠겼다가 폭발하는 장면을
되풀이하는 재난 영화를 좋아하지만 그걸로는 위로가 안 된다
위로가 안 된다고 다른 음악을 틀어 달라는 너의 주문이
카페 주인에게 전달되려면 주위가 조금 더 조용해져야 하고
우리의 담배가 조금 더 타들어 가야 하고
그래서 술잔이 바닥을 드러낼 때까지 조금씩 화제를 바꾸어야 하고
드디어 자존심을 벗어났을 때 나는 웃으면서 화장실로 가는
너의 뒷모습에서 여러 명이 함께 올라가서 집단 자살 소동을 벌이고 있는

다리 위의 패배자들을 한 사람씩 끄집어 내리는
가장 강력한 협박과 회유에 어울리는 단어를 떠올려 보지만
너는 화장실로 사라지고 한 사람씩 정말로 물밑으로 사라지고
맨 마지막에 남은 사람만이 자신의 자존심을 마지막까지 시험하고 있을 때
나는 기분이 엉망이 된 강아지의 심정을 돌보는 마음으로
나의 머리칼을 쓰다듬고 위로하고 끝내는 외면해 버린
한 여자의 손길을 구차하게 붙잡고 늘어지는 몇 년 전의 나를
용서할 수 없는 표정으로 카페 주인의 무심한 귀를 향해 소리를 질렀다 조용히
음악이 바뀌고 있다 점점 더 느리게 수위가 높아지고 있다고
재난 안내 방송에서 틀어 주는 앵커의 목소리가 조금씩 차분해지는 것을
며칠 전에 듣고 이제부터 복구의 시간이 필요하다는
결연한 목소리를 화장실로 사라진 동료도 분명히 들었

겠지만
 아직도 빼내야 할 물이 많은 것 같다 너의 방광이니까 조금만 더 참자
 조금만 더 참자고 다짐하는 문밖에서 차례를 기다리는 자의 변기에도
 바다인지 육지인지 알 수 없는 물이 흘러넘치고 있다

문학의 열네 가지 즐거움

아무 의미 없는 숫자를 말할 수 있다는 것
고통에 사족을 달아 줄 수 있다는 것
자기 전에 오줌을 누고 침을 뱉을 수 있다는 것
거품이 인다는 것 쓰레기를 버리지 않는다는 것
냄새나는 친구들과 집을 같이 쓴다는 것
밟히는 대로 걷고 숨쉬는 대로 말하고 이제는 참을성을 기르는 것
그럴 수 있다는 것 오줌을 참듯이
똥 마려운 계집애의 표정을 이해한다는 것
빨개진다는 것 벌게진다는 것 이것의 차이를
저울에 달아 본다는 것 눈금을 타고 논다는 사실
시소게임 하듯 사랑이 먼저냐 사람이 먼저냐
단어 하나에도 민감한 사상을 다 용서할 것
그럴 수 있다는 것 모처럼 좋아지려는데
여기서 시작하고 저기서 끝난다는 것
아니면 다른 집에서
누구 눈에도 띄지 않는 복장을 상상한다는 것
그건 발견, 그건 발명, 그건 우스갯소리
말을 바꿔 가며 증명할 수 있다는 것

경험을 말할 수 없지만 웃음은 이미 터졌다는 사실
그때의 나를 볼 수 있다는 것
8시에 시작하고 9시에 끝난다는 것
아니면 다른 집에서

당신은

─이 시대의 시들을 어떻게 생각하는가?
─나는 그렇게 오래 서 있어 본 적이 없다.

─그래도 볼 것은 다 보지 않았나?
─그건 침실에서나 가능한 일이다. 나는 걸어 다녔다.

─그래도 옷차림이 바뀌지 않았나?
─패션만 보고 그 사람의 심성이 곱다고 착각하는 사람들이 많다.

─그건 패션이 아니라 포즈 아닌가?
─멍청이들한테는 둘 다 똑같다.

─구분하는 방법이라도?
─그 정도로 성숙했다고 보지 않는다. 우리가.

─그렇게 말하는 당신은?
─공기를 들이마시고 내쉰다.

― 안과 밖의 구분이 없다는 말인가?
― 뿌리가 깊다는 말이다.

― 다른 나라의 시는 어떻게 생각하는가?
― 시는 번역되지 않는다. 수출할 뿐이다.

― 그건 토산품인가? 공산품인가?
― 나라의 명에 달렸다. 애석하게도.

― 불가능하다는 말로 들린다.
― 도서관에서 시인을 발견할 수가 없다.

― 책은 많이 보지 않는가?
― 불가능한 책들이다. 상은 많이 받고.

― 시 자체가 불가능한 시대 아닌가?
― 생활력이 강한 시들은 살아남는다.

― 자연을 노래하는 시는?

─자연도 인간을 생활한다고 믿는다. 그들은.

─그렇게 말하는 당신은?
─당신과 다르다는 걸로 만족한다.

─그래도 뿌리는 같지 않나?
─핏줄은 들먹이고 싶지 않다. 대체로 권위적이다.

─끝까지 남남이 좋은가?
─우주는 혼자다.

─왠지 쓸쓸해 보인다.
─충분히 비좁다는 뜻이다.

─당신 말고 또 누구를 거론하겠는가?
─지구와 화성. 아니면 벌레와 친구.

─웃음이 많은 시가 좋은가? 울림이 큰 시가 좋은가?
─이미 많다.

―앞으로의 계획은?
―내가 먹은 공기를 말하고 싶다.

―식성이 꽤 좋은 것 같다.
―당신을 만나기 전까지 토하고 왔다.

―지금은 어떤가?
―등이나 두드려 달라. 잘 가라고.

식모

식모는 말이 없다.
말을 많이 하면 밥이 상한다.
그런 미신 때문에 더 많은 밥을 하는
식모의 말은 짧고
강하고 없다.

밥이 없는 것보다 더 무시무시한 말
생각이 없는 것보다 더 무시무시한 몸
그 몸으로 밥을 하고
그 몸으로
말이 없다.

생각보다 짧다.
우리가 먹는 밥 시간은
우리가 놓는 숟가락 소리는
누구보다 강하고
짧다.
잘 먹었습니다!
아니면 더 많은 말이 필요하고

밥이 상한다.
식탁에서

밥과 반찬과 모두가 사라질 때까지
식모는 말이 없다.
아니면
더 많은 밥이 필요하다고.

분신

그는 가만히 앉아서 사건이 되는 방식을 택하였다.
얼굴이 공기를 감싸고 돈다. 윤곽은 피부를 헤집고 다닌다. 불이 붙는 순간

그 자리의 공기가 모조리 빨려 들어가는 입속에서 발견되는 사건들.
기껏해야 몇 가지 단어들의 기괴한 조합, 가령
과도한 자신감에 시달리는 남자가 보는 새들의 울창한 숲소리.

한 문장씩 증가해 가는 연기를 따라서
뱀의 외모를 갖추어 가는 그의 사방이 이 자리에서 멈추고 저 자리에서 띈다.

투명한 날짜를 지나서

그의 친구들이 온다. 그가 공기를,
가스라고 발음하는 순간에도 그것은 터지지 않고
다만 타오른다.

불타는 두개골 속을 들여다보는 자의 자기 시선과 과대망상. 협소한 두개골 내부의 끓는 뇌는

사건이 되기 전에도 그랬고 가만히 앉아서 사건을 저지른 후에도
그는 그 형태의 생각을 고집한다. 그는 움직이지 않는다.
그는 그 자신의 고통을 앉은 자리에서 수행했다.

공기가 그를 도와주었다.

연루된 사람들*

당신이 말하지 않은 것을 내가 말해야 한다.
그 둘은 서로 다른 집에서 사건을 저질렀다.
그리고 사이좋게 여행 가방을 교환하였다.
안에는 뭐가 들었는가 이름을 물어보았자
돌아오는 대답은 헛수고였다.
이름 안에 무슨 생각이 들었는지 무슨 사고가
무슨 사건을 간섭하는지 당신이 알 게 뭐야?
이제부터 혼수상태다. 대개는 교향곡을 틀어 놓고
지휘하듯이 저지른다. 여러 사람의 머리가
손끝에서 흔들리고 움직이는 율동만 들어도
대강은 결말을 안다. 또 한 명의 머리가 달아났군.
음악은 거침없이 진행되다가 옆집에서 흘러나오는
재즈 때문에 신경이 쓰인다. 나는 나의 유일함인데,
동일범의 소행이 자주 보고되는 이유를 난감해한다.
담당 형사는 담당 형사에게 너의 진심을 보고하라고
윽박지르지만, 피고의 말과 용의자의 행동과
오늘 밤의 음악이 서로 낯설다. 미안하지만 이건 암흑이군.
저건 변명이고. 알 수 없는 태양의 반전을 당신들은
몇만 년에 걸쳐 추리하고 또 추리하였다. 조서에 따르면

그걸 계보라고 그리고 있는 이 사내의 악보가 몹시도
못마땅하여 순순히 돌려보냈다. 담당 형사는 담당 형사에게
나의 친구는 이웃집에서 이웃집의 아내는
나의 집에서 영원히 울음을 잃어버렸다고 털어놓았다.
진심으로 엉뚱한 발상이지만, 마지막 증언은 사라진 울음이
해 줄 것이다. 땅을 파도 발견되지 않는 울음이
여행 가방을 따라 전국을 누빈다. 국경을 눈앞에 두고
처음으로 이를 떨었던 것 같다. 이런 날이면
집중적인 살해 욕망을 느끼는데, 그는 한곳만 찔렀다. 정말 추웠으니까
밑도 끝도 없이 파 내려간 진심을 상부에 보고할 자신이 없다.
담당 형사는 담당 형사를 대동하고 와서 짤막한 시간을 덧붙였다.
다 내 잘못이야. 그러면서 조용히 동료의 등을 떠밀었다.
내가 무슨 잘못이라고 이틀째 집을 비워 놓고 있다.
이웃집의 피살자가 모두 여행을 떠났다. 여행 가방과 함께

나도 돌아올 준비를 하고 있겠지. 어쩌면 처음 들어 보는
악보와 함께 또 한 사람의 범인을 만들어 낼 것이다.
좋아하는 음악은 연쇄적이다. 이쪽에서 유행하면
저쪽에서 발견된다. 여행은 바다를 건너간다.
담당 형사는 담당 형사에게 표기법에 대해 건의한다.
포대도 자루고 자루도 자루니까 여행 가방이 더 어울립
니다.
사건을 잡아 오라니까 문장을 만들고 있어. 미친놈!
너는 완전한 문장이 아니야, 나는 거의 울고 있지만.
100% 불쌍한 남자와 99% 울고 있는 남자 사이에서
두 형사는 새로 태어났다. 범인의 전철을 밟아 가는 것
이다.
마지막 증언은 그들이 해 줄 것이다.

---

* 사람도 연루되어 있고 문장도 연루되어 있다. 이 시집의 어딘가와.

한 장의 잎사귀처럼*

사탕과
망치의 접촉면에서 금이 간다
상처와 바위의 상견례가 필요한 거리
아니면 손목과 냄새의 입맞춤을 거들먹거리다가
나사와 질병의 무관심에 대해
무심해진다 잠깐,
짬을 내어 쳐다보는 이 입술과 저 자연의
경계면이 순간과 오해를 만들어 내고
감탄한다 총알과 감정의 소속감에 대해
일시적으로 성숙하는 세균과
사막의 오랜 배양을 거름으로
밑지는 장사가 말하고 있다 약속으로 꽉 찬
이 공기는
쓸 만한 모조품이라고
고통과 달걀의 합의금을 섞어
넣어 주길 원한다 약간의 웃음과
없음을 울먹거리며

* 다나 해러웨이 대담집.

아름다운 문장

오늘은 한 사람씩 아름다운 문장을 써 오는 시간
에이는 수학 공식을 써 왔다
이보다 더 간결하게 만들어야
아름다운 시라는 공식을 돌려보냈다

비는 투명하고 맑은 유리를 만들어 왔다
기스가 없다는 게 유일하게 흠이라고 지적하였다
얼마 전엔 거울이 될 거라고 뛰쳐나간
씨도 있다 씨는 나무 판때기의 자식이었는데

투명하고 맑은 유리는 디를 증오한다
디는 유리 조각을 삼켰다가 뱉는 것을 좋아한다
모래가 될 때까지 싸우고 또 싸우는
커다란 바윗덩이를 그려 왔다 제목은
얼룩무늬 푸른 별의 고독한 연대기

잠이 쏟아졌다 에프가 말을 한다
쥐가 쥐를 갉아먹으며 이빨을 딱딱거렸다
먼지를 씹다가 뱉은 느낌을 에이치가 알까

아이가 알까 제이는 몰라도 되는 것까지
다 알려 주는 자폐를 대변하는 시인이었다

케이는 몇십만 부가 팔렸는지 궁금한
전화번호부를 들고 왔다 훌륭하고 아름다운
엘 엠 엔 모두 오의 반쪽을 그리워한다
그리고 피를 부른다 알은 잠자코
걸어갈 계획이다 새가 되기 전에

에스는 나무에서 떨어졌다 나뭇가지에 걸린
티가 구조해 주고 유하고 유한 인상을 지어 보이며
돈을 요구하는 문장을 써 왔다 더블유에
가로로 작대기가 두 개 그어진 표시를
반으로 딱 잘라 이것도 승리 저것도 승리니까

입 다물고 사라지라는 에스는 점점 엑스를
닮아 간다 왜 그런지 알 수 없는 와이가
어깨를 으쓱하며 집으로 돌아갔다 목발을 짚고
다음 날 출석부에 찍힌 학생은 모두 스물다섯 명

딱 한 명이 모자라는 문장을 내가 대신 연설하고 있다
지루하게 지퍼를 열고 있다

송년회

새는 걸어갈 계획이다
3은 2편과 어울린다
5는 저 혼자 있고
시론이 없다
잠정적으로 훌륭하다
정거장 사이에
악한이 있고
아름답다
7은 너무 많다
간다는 말도 없이

라면의 흐름

우리는 라면으로 맺어진 우정을 냄비에 담아 놓고 음미한다.

누가 먼저 물어뜯을까 궁리하는 친구들이 침을 꼴깍 삼키고

김이 모락모락 피어오르는 전운이 감도는 어느 섬나라의 일거수일투족을 감시하는 정찰기의 국적을 부러워한다.

잠수함이 먼 바다에서 먼 바다로 이동하는 사이 혹등고래가

잠시 올라와서 포경선의 작살을 유유히 비웃고 지나가는 영화가 재방영되고 있다. 백사장의 시체는 한두 사람의 실수로

발견되지 않는다고 우연히 지나가는 방범대원이 술에 취해서

늘어놓는 경험담을 누가 건져 먹을지 알 수 없는 뉴스만 계속 틀어 놓고 있다. 영화는 지겨워지기 전에 끝나야 하고

뉴스는 새로워지기 전에 계속 보도해야 한다는 게 나의 중론이라고

말하는 친구의 입속으로 김치가 들어가고 국물이 들어

가고

  뱃속에서 여러 면발이 화해하고 있는 장면이 더부룩해서 미칠 지경이다.

  어떻게 국물이 끝내준다는 라면과 면발이 살아 있다는 라면이

  한 냄비에서 같이 끓을 수가 있는가. 탈당하는 국회의원의 입술보다 더 불만스럽게 튀어나온 입술이

  한 젓가락씩 두 젓가락씩 우리들의 침을 섞는 냄비에 대해 할 말이 많다고

  젓가락을 놓는다. 영화가 거의 끝나 갈 무렵이다.

  우리는 뉴스를 틀어 놓고 그 영화의 마지막 포경선을 꺼억꺼억 소화시키는 고래를 상상한다. 기억이 맞다면

  기름에 떠 있는 면발은 모두 일곱 가닥. 세어 보지 않아도

  설거지할 인간은 충분히 많다고 각자의 머릿속에서 머릿속으로

  고래 한 마리가 지나간다. 향유고래가 둥둥 떠 있다.

일을 찾아서

일을 하지 않는 소년이 찾아와서 일을 시켜 달라고 말했다.
나도 일이 없는데…… 그래서 우리는 일을 찾아 나섰다.

우리는 일이 많은 사람을 찾아가서 일을 부탁했다.
일이 너무 많아서 그의 대답은 언제나 나중에
나중에, 라는 말만 되풀이했다.

우리는 나중에 만나기로 했다.
우리가 할 수 있는 일은 언제나 나중에 있었다.
나중에 생긴 일을 찾아가면 벌써 그것은
권태에 찌든 남의 손에 있었다.

이게 우리 일일까? 내가 말했다.
저게 우리 일일까? 소년이 말했다.
이 모든 게 우리 일이 아닐지도 몰라.
내가 한숨을 지었고 소년은 한숨을 받아먹고
조금 더 뜨겁게 내뱉었다.

우리보다 일이 없는 사람을 찾아가 보자.
소년이 나의 등을 떠밀며 데리고 간 곳에

일없이 먹고 자고 노는 사람들은 없었다.

사람들이 없었다.
나무도 없었고 풀밭도 없었으며
귀뚜라미 소리가 한창인 나의 어린 시절을 닮은
집도 없었다. 시멘트 공장 근처에 있던 그 집은
어느 날 포클레인이 와서 데리고 갔다.

엄마는 시멘트 공장에 일을 나가셨어.
아빠는 그럼 어디 있어? 시멘트 공장에 나가셨어.
한 사람은 주임이고 한 사람은 경리야.
둘 다 일하다가 만났지.

내가 태어난 곳도 시멘트 공장 근처야.
레미콘 트럭이 먼지를 뿜으며 달리는 곳에서
동생이 태어나고 엄마는 먼지가 하나 더 생긴 기분이야.
먼지가 얼마나 많은지 먼지 속에서 매일 일이 생겨.

나는 걸레를 쥐어짜다 말고 소년을 데리고
나갔다. 소년의 집은 멀고 먼 곳

오늘은 여기서 묵고 내일은 또 어떤 사람의
집에서 가출할 것인지 고민하는 것.
이것도 일이라면 우리가 해야겠지.
먼지가 좋아 트럭 뒷바퀴의 먼지를 따라간
동생도 일없이 돌아와서 울상을 지었다.

먼지보다 너무 커 버렸대. 그러니까
우리가 여기 있지. 가출하고 돌아오면
먼지가 수북한 천막으로 지은 집
엄마도 아빠도 모두 일 나가고 없는 방에서
동생의 하얀 뼛가루가 굴러다녔다.
누가 죽은 모양이군. 일 마치고 돌아온 아빠가
일 마치고 돌아온 엄마에게 물었다.
이 걸레 누가 빨아다 놨어?

내가 했어요. 내가 그 일을 하러 왔어요.
소년은 꿈에도 그리던 그 말을 하고 싶었다.
얼마를 주실 건지 묻고 싶었다. 내 손이 허전한 것도 모르고.

두 도시 이야기

 우리는 두 도시 사이에서 태어났어요. 우리는 두 도시 사이에서 개인적인 과거가 있는 사람들을 압니다. 아 고향이 소읍인가요? 네 고향이 두 도시 사이에 있습니다. 아 어릴 적 추억이 조용하겠군요. 네 두 도시 사이에서 말이 없었습니다. 참으로 조용한 정거장이었지요. 버스를 타면 늘 두 도시 사이에 있었습니다. 아 기차를 타고 통학하셨군요. 네 멀리 있는 고모 집이 두 도시 사이에 있었어요. 언제 돌아가셨는지 모를 정도로 먼 거리에서 편지가 오고 청첩장이 왔어요. 아 두 도시 사이에서 연락을 주고받기 전의 일이군요. 네 안부가 길어지면 전화를 끊는 쪽도 두 도시 사이에 있습니다.
 그때나 지금이나 변한 것은 두 도시 사이에 없나 보군요. 네 우리는 길을 잃는 법을 몰랐어요. 이쪽이 아니면 저쪽에서 버스가 몰려왔어요. 기차는 약속 시간을 안 지키고요. 나는 열차를 타고 내리는 방법을 모르는 한 노파를 실어 주고 두 도시 사이를 떠나왔어요. 아 두 도시 사이로 돌아온 느낌은 어떤가요? 두 도시 사이에서 떠나온 사람들은 말 못 하는 불만이 많아요. 가령? 두 도시 사이에서 배운 말씨를 버리기. 두 도시 사이에서 사라지는 냄새를 두고 오기. 가져오지 말아야 할 것과 가져와야 할 것을 구분해서 지갑을 열기. 입을 다물기. 감사합니다. 고맙습니다. 진실로 화내지 말기. 아무튼 술값은 치르기. 개인적인 과거는 사생활의 차원에서 고백하지 말기. 가끔은 실수하기. 가끔은 주정하기. 가끔은 도망 다니기. 가끔은 앞에 가는 사람의 뒤통수를 때리고 반가워하기.

 아 모르는 사람인 줄 몰랐습니다. 괜찮습니다. 불쾌함은 두 도시 사이에서 몽땅 버리고 왔으니까요. 기차에서 내릴 때 짐이 없었으니까요. 버스는 언제 처음 타 보셨나요? 두 도시 사이에서 길을 잃어버린 다음 날. 나를 데리고 온 건 버스였어요. 나를 데리러 온 것도 두 도시 사이에서 출발한 버스였어요. 이쪽이 아니면 저쪽에서 길을 잃은 거니까요. 아 다음부터는 복잡한 신작로를 사랑했겠군요. 네 이곳의 지하철보다 단순하지는 않아요. 두 도시 사이에서 우리들의 과거는 우리보다 훨씬 많으니까요. 아 그때가 풍요로웠군요. 네 전혀 기억이 없어요. 다음 날에도 그다음 날에도 기차가 지나가면서 소리를 칩니다. 차창 밖으로 참으로 조용한 버스가 지나갑니다.

 아 그곳의 지리에 밝은 버스였군요. 네 너무도 밝은 버스였습니다. 다음 날에도 그다음 날에도 심야 버스를 타고 떠나온 우리들이 많아요. 모두들 어디로 갔을까요? 이쪽이 아니면 저쪽에서 손을 흔듭니다. 저쪽이 아니면 이쪽에서 두 도시를 얘기합니다. 아직 도착하지 않은 기차를 타고.

서울에서 가장 우울한 남자의 왕*

(간수가 사라진다)

(서울에서 가장 우울한 남자의 왕이 말한다)

말하라. 나는 인간성이 안 좋다.
소문도 안 좋습니다.

네가 거느린 건 증오뿐이구나.
소문이 나를 그렇게 만들었습니다.

하루에 5분씩 죽는 연습을 하면 어떨까?
그땐 너무 늦었습니다. 지금은 너무 이르고.

그 사이에 내가 있단 말이지.
비정한 미소는 그만 분비하시지요.

단순히 눈물을 보여 준다면?
우리들의 성냥이 슬퍼할 겁니다.

네가 거느린 건 그 대답뿐이구나.
나는 필기밖에 할 수 없는 운명입니다.

너의 진심을 보고하라.
나무는 너무 푸르고 하늘도 너무 푸르고

구치소에선 할 말이 없습니다.
내일 아침까지 미리 울어 두어야겠구나.

나는 웃고 있습니다.
벽에 금이 가도록.

그땐 너무 늦었다.
지금은 너무 이르고.

진실을 말씀드릴까요?
두 말씀만 하거라.

나는 한동안 시체를 안고 주무셨습니다.

과거의 선행은 잊어버리고

내가 할 줄 아는 건 우는 것과 웃는 것뿐.
그리고 화내는 것뿐입니다.

여기 와서 처음 배운 것들이구나.
매일같이 다시 배워야 하는 것들입니다.

누구 맘대로? 말하라. 나는 명령이다.
망령이겠지요.

그렇게 말하는 너는 인격이 없구나.
죄송하지만 그건 내 생각입니다.

그렇게 말하는 너도 어딘가 우울해 보인다.
여러 문구를 전전하다 와서 그렇습니다.

그리고 밤을 기억하고 왔습니다.
광택이 나는 눈물은 거두어라.

나는 조금 죽었을 뿐이다.
풀도 죽었습니다.

덩치보다 영혼이 작은 소리는 지겹다.
거기에 반대하여 살았지만,

괴로움도 이 땅의 한 부분입니다.
그렇게 말하는 너도 고향이 있는가?

네 많습니다. 욕먹을 곳이
매일 새로 태어나는 것 같습니다.

너는 대답을 회피하는구나.
나는 내 말투를 모르는 사람입니다.

그래 가지고 보고를 하겠는가?
어떤 식으로든 밤이 가로막고 있으니

이제 건너가십시오.
나는 무엇이든 안녕할 태세이고

너는 무엇이든 조그맣게 신고할 태세이구나.
나는 아직도 연설하고 있는 나를 본다.

서류에서는 이미 종이 썩는 냄새가 납니다.
저 애국적인 빵은 언제 도착하느냐?

오늘은 배급 없는 날이 제정된 날입니다.
나한테는 그런 말이 없는데.

(간수가 등장한다)

너는 서울에서 가장 우울한 남자의 왕이고
빵은 한 조각이다. 그렇지?

그렇게 말하는 너도 어딘가 침울해 보이는데.
미안하지만 그건 내 생각이다.

내일 아침까지 미리 울어 두었으니
너는 처형된 거다. 그렇지?

(서울에서 가장 우울한 남자의 왕이 웃는다)

제발 젓가락처럼 말하라.
딱딱 박자를 맞춰라.

여름도 아니고 저녁도 아닌
밤에 불려 나가서 얻어맞고 돌아와야겠군.

나 말인가?
아니 너 말이다.

(간수가 사라진다)

매캐한 밤공기가 그를 따라다닌다.
모르거나 알거나 희미한 풀밭의 세계를.

양들이 풀을 뜯고 있다.

* 더글러스 도야마, 「유럽에서 가장 슬픈 남자의 왕」 변용.

방치

한동안 나는 방치되고 있었다.

한동안 나는 방치되고 있었고 담배만 피웠다. 글도 썼다. 수음도 하고 먹을 것을 찾아서 식당을 기웃거렸다. 돈이 부족하면 양말을 빨아서 내다 걸었다. 콧구멍을 후비고 방귀를 참고 문학이 되지 않는 글이 무엇일까 생각했다. 돈이 부족하면

시를 읽었다. 한동안 방치되고 있는 시를 읽고 한동안 방치되고 있는 감상문을 쓰고 아, 좋아 생각하면서 다시 읽었다. 고칠 것이 없는 얼굴이라고 나 스스로에게 다짐했다. 휴지통에서 정액 묻은 휴지를 꺼내서 먼지를 쓸었다. 정액 묻은 휴지는 잘 닦인다. 구석구석

하고 싶은 말이 많다. 들어 줄 사람도 많다. 한동안 방치되고 있었으니 거의 모르는 것 같다. 내가 어떤 옷을 입고 있는지 내가 어떤 동물과 어떤 대화를 하고 있는지 그 동물의 생년월일을 어떻게 조작했는지 그리고 어떻게 매장했는지 우리 둘 사이를

아무도 모르는 사이. 아무도 모르게 누군가는 시집을 냈고 끈적끈적한 이야기를 남겨 놓았다. 10년이 지나서 알게 될까? 여기 묻은 이 타액을. 100년이 지나서 묻게 될까?

왜 말하지 않았느냐고. 나는 그때 침을 흘리고 있었고 아무도 닦아 주지 않았다고 방금 전에 헤어진 그가 말했다. 돌아서는 그의 뒷모습도 여전히 방치되고 있다. 다시 돌아서는 앞모습도

  세련되지 못하다. 나처럼 성을 잘 내고 나처럼 즐겁고 지루한 표정을 한꺼번에 짓는 그가 오늘은 무슨 일인지 내가 좋다고 말했다. 너무 착해서 신경질을 잘 내는 내가 무슨 답변을 준비했겠는가. 제발 손 좀 씻고 말해. 그는 한동안 방치되었던 손을 꺼내어 내 입에다 닦아 주었다.

벤치 이야기

오늘은 무슨 얘기를 하러 왔습니까?
어제 앉았던 벤치에 대해서. 저 벤치의 절반은
내 엉덩이 자국이라고 썼던 것을 기억하십니까?
그때는 몇 년 전이지요. 지금은 다 지워지고 없을 겁니다.
그렇게 따지면 일어서는 순간 지워지는 것이
엉덩이 자국이지요. '칠 주의'라고 쓰인 벤치가
아니라면 말이지요. 그래도 미세한 먼지 때문에
자국은 남지 않았을까요? 그 정도로 오래 방치된
벤치는 아니랍니다. 하루에도 수십 명씩 앉았다 가는
벤치였습니다. 바지가 더러워질지언정 벤치는 반들반들
합니다.
당신은 몇 번이나 앉았다 갔나요? 수십 번? 수백 번?
헤아릴 수 없이 많은 기차가 지나갔다는 것만 기억합니다.
역 플랫폼에 있던 벤치였군요. 아닙니다.
역전에 있는 광장의 벤치였군요. 아닙니다.
그럼 기차가 지나가는 그 벤치의 위치는 어디쯤입니까?
바로 옆에 지하로 내려오는 계단이 있던 벤치입니다.
계단을 따라 올라가면 곧바로 지상으로 이어지는
2번 출구가 근처에 있습니다. 1번 출구는 조금 더 멀리 있고요.
　지하철역에 있던 벤치였군요. 글쎄요. 그 벤치는
　까다로운 성격의 소유자를 닮았습니다. 벤치에게도 소유자가 있나요?
　내 말은 그런 뜻이 아닙니다. 그럼 벤치에게도 성격이 있나요?
　어떤 성격이든 있지요. 우유부단하거나 까다롭거나 무난하거나
　딱딱한 성격을 가진 사물이 한둘인가요?
　만지면 물컹물컹 꼼지락거리는 사물의 성격도 한둘인가요?
　벤치는 많이 까다로웠나요? 아니요. 무뚝뚝했지요.
　무뚝뚝한 성격의 소유자를 더 닮았나 보군요. 아니요.
　섬세했어요. 말할 수 없이 잔소리가 많았어요.
　당신의 기억은 기차가 지나갈 때마다 바뀌었나 보군요.
　내 말이 몹시 덜컹거리더라도 이해하십시오. 그게 힘들다면
　그만 내리시든가. 우리가 무언가를 타고 있기는 있는가 보군요.
　당신은 처음부터 거기 있지 않았습니까? 기차 안?

아니요. 그럼 버스 안? 아니요. 그럼 택시 안이었나요? 아니요.

이런 마차를 타고 있어야 할 사람을 잘못 찾아오신 것 같군요.

나는 비행기나 여객선을 타고 있는 것이 아니랍니다.

잠수함이나 우주선도 나한테는 생소한 고향입니다.

그럼? 벤치에 대해 집중합시다. 벤치를 타고 있는 사람을 존중합시다. 이런 내 생각이 짧았군요. 당신이 말하는 그 벤치는 몇 인승인가요? 몇 년 전까지 4인승이었지요. 지금은? 절반이 내 엉덩이 자국입니다. 그럼 2인승인가요? 아니면 당신이 지나치게 비만해졌든가 아니면

벤치의 절반이 홍수에 떠내려갔든가 바람에 날아가 버렸든가

불에 타 죽었든가 아니면 무슨 생각으로 벤치는

네 명의 인원을 감축해서 두 명이나 한 명으로 만들었을까요?

저도 그게 몹시 궁금합니다. 벤치는 함부로 선언하지 않습니다.

발표도 몹시 어수선합니다. 거기서 속삭이던 귓속의 말도

들리지 않을 때가 더 많습니다. 기차가 지나간 모양이군요.
열차가 지나가든 전동차가 지나가든 상관없는 고백이었
지요.
고백의 강도는 갈수록 깊어졌지만 어떤 말도 흔적을 남
기지
못하고 부스러졌습니다. 그 잔해가 몹시도 시끄럽습니다.
눈 덮인 고장의 서걱거리는 연기 소리 같습니다.
굴뚝을 잘라 내면 어떨까요? 담배 연기는 안타깝게도
코로도 나오고 입으로도 나오며 미세한 땀구멍을 통해
서도
흘러나옵니다. 흘러가게 내버려 두면 큰 문제가 될까요?
어디든 닿는 곳이 있겠지요. 벽이 나오면 벽을 더듬고
복도가 나오면 텅 빈 복도를 미끄러지고 천장이 나타나면
천장을 따라가다가 어느 순간 광장이나 벌판에서
이런 모습을 보이겠지요. 나는 모든 곳에 있는 존재라고
떠벌리던 사진작가의 포즈를 취하겠지요. 당신은
끊임없이 셔터를 눌러야겠군요. 벤치를 위해서
벤치에 앉았던 당신의 엉덩이 자국을 위해서
아니면 누군가를 애타게 기다릴지도 모르는 몇 년 전의

사건을 기념하기 위해 무슨 탑이라도 건설해야 할지 모르겠습니다.

그 탑이 얼마나 많은 사람들을 불러 모을지 모르겠지만 그 탑을 주변으로 얼마나 많은 식당과 기념품 가게와 노천카페가 생길지도 모르지만 벤치를 기억할 만한 증거는 어디에도 없습니다. 그 벤치의 절반도 나하고는 무관한 사람들뿐입니다. 하루에도 수천 명씩 자기 엉덩이를
 잠시 보관하고 가는 사람들 중에 당신의 소중한 헛소리를 쓰다듬고 가는 인간이 몇이나 되겠습니까?

그들은 앉았다 갑니다. 나 역시 듣고 있지만 벌써 일어서고 있습니다. 나를 붙잡지 마십시오.

당신을 잊으려고 하는 벤치는 없습니다. 당신을 붙잡으려고
 일어서는 벤치가 없는 것처럼 내 말은 왜 이렇게 당신의 오해에 집착하는 걸까요? 그때가 헤어졌을 때이니까요.

몇 년 전에도 당신은 이렇게 누군가를 기다리며 혼잣말을 했겠지요. 침묵은 흔들리고 벤치는 무겁습니다.

왜 그때를 감당할 수 없는 말을 벤치에게 묻지 않고
나한테 묻는 건지 알 수 없군요. 당신이 일어서는 나를
놓아주는 시간이 얼마나 지속될지도 알 수 없습니다.
아마도 여러 명에게 이런 얘기를 들려주었겠지요.
나도 서너 번은 들었던 것 같고 자주 잊어버립니다.
저 벤치의 절반은 무덤처럼 특별한 순간에만 기억이 납니다.
식탁처럼 웅성거릴 때만 들립니다. 당신의 엉덩이가
깔고 앉은 그 얘기 말이지요. 당신이 나를 붙잡지 않았으니
나는 이제 2번 출구를 나와서 혼잡한 대로의 가로수와
자동차와 먼지 속으로 들어갑니다.
벌써 들어가 버린 것 같군요. 보이지 않는 당신.
내 말에 한 발자국도 움직이지 않는 당신. 철거할 때까지
지속되는 방황을 여기 세워 두고 간 당신. 나는 서성이고
벤치는 앉아서 기다립니다. 마치 없는 것처럼.

소설을 쓰자

　너무 긴 소설을 쓰지 말 것. 너무 짧은 소설도 쓰지 말 것. 적당하게 지루해질 때 끝나는 소설일 것. 원고지의 분량이 아니라 심리적인 분량일 것. 어느 공간에서 읽어도 적당히 심심하고 적당히 어리둥절한 반전일 것. 어떤 질문을 하더라도 충실하지 않는 이야기일 것. 어떤 대답도 흘려들을 수 있는 내면일 것. 그런 주인공을 찾을 것. 캐스팅은 길거리에서 오디션은 실내에서 시상식은 레드카펫을 밟는 장면에서 중단할 것. 더 많은 말이 필요하면 다른 영화를 찍을 것. 더 많은 상이 필요하면 영화를 찍지 말 것. 돌아와서 시를 쓸 것. 전혀 시적이지 않은 소설을 쓸 것. 있어도 상관없고 없어도 상관없는 중요한 문장이 들어갈 것. 단어는 조금 더 동원되거나 외로워질 것. 저 혼자 있어도 눈물을 뚝뚝 흘리는 마침표일 것. 다른 부호는 적당히 경멸하고 적당히 술을 마신 후 같이 잘 것. 좋았니? 좋았어! 이런 대화에 식상해하는 커플이 데이트하기 좋은 장소를 섭외할 것. 침대가 아니면 어디가 좋을까? 화장실이 아니면 어디서 바지를 내리고 치마를 들추고 속옷을 다시 껴입는지 고민하지 말 것. 사람이 장소를 만들어 간다. 장소가 사람을 대신한다. 공간은 사람 안에 들어왔다가 서서히 말라 갈 것. 물기가 다 빠진 고향에 대한 향수를 간직한 로맨스 가이를 이해하고 두둔하고 적당히 멀리할 것. 감정의 폭이 자주 변하는 남자의 내면을 한 단어로 붙잡아 둘 것. 병원이거나 요양원이거나 아니면 수용소에서 만난 사람들의 일상적인 머리 모양일 것. 그들은 많은 충고를 필요로 하지 않는다. 이런 충고를 적절히 섞어서 거절할 것. 외판원에게는 외판원에게 어울리는 약점을 만들어서 반창고에 붙여 줄 것. 쉴 새 없이 나온다면 항문에 붙여 줄 것. 기침이 심하다면 기침을 섞어 가며 장면을 바꿀 것. 더 건조한 날씨로. 더 지저분한 얼굴로 손을 씻고 나오는 결말에 가서야 나의 결벽증이 드러나는 캐릭터를 완성하고 조금 더 방치할 것. 미완성된 소설의 다음 소설을 구상할 것. 초심으로 돌아가서 길을 잃을 것. 아니면 골목길. 아니면 빙판길에서 씽씽 달리는 자전거를 기차처럼 묘사하고 정거장처럼 그리워하고 이별처럼 빤한 동기 유발을 의심할 것. 그 전에 먼저 발표할 것. 책을 내고 출판 기념회에 온 하객들에게 왜 왔는지 모를 초청장을 발송할 것. 발송과 동시에 소설을 시작할 것. 영화의 결말도 거기서 시작하고 거기서 끝날 것. 엉성한 짜임새의 스토리를 누구보다 경멸하고 오해하는 친구의 아버지가 될 것. 그 친구의 친구와 적당히 말을 트고 화해할 것. 자연스럽게 오해하는 장면을 곁들일 것. 주먹다짐은 불필요하지만 오래 끌지 말 것. 너무 극적이니까 분량을 다시 생각할 것. 다음 소설에서.

지난해와 지지난해

나는 젖은 모래가 될 거라고 생각했고
홍익대학교를 나왔다

나는 삼류 화가가 될 거라고 생각했고
용인대학교를 나왔다

두 사람 사이에 어떤 공통점도 없는
빵과 우유가 나왔다
자유는 나중에 나왔다

최근에 느끼고 있는 것들이 있고
식탁에는 찻잔이 식어 간다

단어 하나가 조금 더 외로워지면 좋겠다
식빵이든 우유든
문제가 많은 침대에서

■ 작품 해설 ■

히스테리 라디오 채널
김언 시집 사용 설명서

신형철(문학평론가)

> 사건 다음에 문장이 생기는 것이 아니라
> 문장 다음에 사건이 생긴다.
> ─「이보다 명확한 이유를 본 적이 없다」에서

사용 전 주의사항

> 한 명의 과학자를 움직일 것.
> 백 명의 민중을 포기할 것.
> 그 이상도 가능할 것.
> 다른 문장일 것.
> ─「시집」(『거인』, 랜덤하우스중앙, 2005) 부분

'이미 있는 독자'와 소통하기보다는 '있어야 할 독자'를 창조하겠다고 나서는 시인들이 있습니다. 그런 야심가들을 흔히 전위(前衛)라고 부릅니다. 한 시대의 전위를 규정

할 수 있는 여러 요소들이 있을 수 있겠습니다만, 가장 소극적인 항목 중 하나는 '당대 독자와 불화하는가?'의 여부입니다. 아시다시피 러시아 미래파들의 모토는 "대중의 취향에 따귀를 때려라!"였습니다. 앞에서 인용한 것은 김언의 두 번째 시집 마지막에 수록된 시의 일부분입니다. 보세요, 일종의 '따귀'입니다. 이 시인은 "백 명의 민중"을 포기하더라도 "한 명의 과학자"를 움직이는 것이 시인의 사명이라고 생각하는, 좀 이상한 사람입니다. 민중('이미 있는 독자')은 전언과 정서를 원합니다. 매력적인 전언과 정서적 울림의 결합을 사랑합니다. 그러나 과학자('있어야 할 독자')는 의심하고 실험하는 사람입니다. 매끄러운 전언을 의심하고 정서적 감염에 저항하면서 시를 그 근본에서부터 다시 성찰합니다. 그렇습니다. 이 책이 염두에 두고 있는 사용자는 후자입니다. 그러니 이 시들을 타이핑해서 블로그에 올려도 댓글 따위는 달리지 않을 겁니다. 하루에 세 편 이상 읽으면 사용자의 머리가 과열되어 폭발할 수 있습니다. 그런데도 읽을 필요가 있을까요? 있습니다. 어떻게 읽으면 좋을까요? 자, 시작합니다.

사건 — 수사 결과 발표가 미심쩍을 때

시집 앞부분에 마치 선전포고처럼 배치돼 있는 시 몇

편만 읽어 봐도 알 수 있다. 이 책은 말을 통해서가 아니라 말에 대해서 뭔가를 하려 하는 책으로 보인다. 그것도 아주 근본적으로 혹은 급진적으로. 첫 번째 시「감옥」을 보라. "내가 감옥이라고 말하자 그는 꼼짝 말고 서 있었다." 결국은 이 문장의 변주라고 해도 좋을 문장들이 계속 반복된다. '말'과 '행동'의 관계를 따져 보자는 취지인가? 아니, 말이 행동을 낳는다는, 이미 전제된 결론의 단호한 표명이다. 그러나 이것은 특별하고도 신비로운 발견이 아니다. 언어학에서는 이미 화행론(話行論)이라는 분야가 있지 않은가. 그러나 평범한 명제의 지루한 반복이다 싶을 때 회심의 마지막 문장이 도착한다. "내가 명령이라고 말하자 그는 망령처럼 일어서서 나갔다. 누군가의 입에서." 입에서 나갈 수 있는 게 말 외에 무엇이 있을까. 그러니까 이 문장은 '그'가 곧 '말'이라고 우기고 있는 것이다. 말이 행동을 낳는다는 정도의 진술이 아니라, 말이 행동의 주체가 되는 존재 자체를 낳는다는 말이다. 이 시인은 지금 언어학으로 존재론을 삼키려 한다. 그래서 두 번째 시의 제목은, 당연하게도, '입에 담긴 사람들'이다.

나는 모든 것의 촉각을 곤두세운다. 촉각을 다투는 윤리의 싸움은 나의 입에서 크게 벌어진다. 누군가가 죽었다면 그건 나의 혀가 잘못 발음됐기 때문이다. 그는 실수로 나의 혀를 잘못 놀렸다.

한 사람의 부정확한 발음이 홍수로 시달리는 시내를 마비시켰다. 너무 많은 비와 한 사람의 시체가 떠내려간다. 폭동의 일부가 되기 위해 나는 여기 왔다.

—「입에 담긴 사람들」에서(밑줄은 인용자)

시란 모름지기 모국어의 선용(善用)이어야 한다고 믿는 독자는 1연부터 참을 수가 없을 것이다. 밑줄 친 부분들이 실수처럼 보일 테니까. '촉각을 곤두세우다'라는 표현 앞에 올 수 있는 조사는 '-의'가 아니라 '-에'다. 모든 것의 촉각을 곤두세운다니? 이어지는 부분은 어떤가. 혀가 잘못 발음할 수는 있어도 발음될 수는 없지 않은가. 그러나 이것들은—'촉각'과 '촌각'의 말놀이, '마비'와 '너무 많은 비'의 말놀이가 의도적인 것과 동일하게—전적으로 의도적인 일탈이고 시의 전언에 부합하는 조작이다. 내가 모든 것들에 촉각을 곤두세우는 것이 아니라 모든 것들의 촉각을 곤두세운다는 것, 그러니까 나 때문에 모든 것들이 촉각을 곤두세우게 됐다는 것이다. 왜? "나의 입"에서 "촌각을 다투는 윤리의 싸움"이 벌어지기 때문에, 그 결과 '누군가'가 죽을 수도, 시내가 마비될 수도 있기 때문이다. 게다가 내 입(혀)의 주인은 내가 아니라 그다. 안 그래도 위태로운 상황인데, 그 상황을 내 뜻대로 통제조차 하기 어렵다는 얘기다. 그의 실수로 내 혀가 잘못 발음됐고 그 탓에 이 모든 일이 일어났다.

이 시는 앞서 인용한 「감옥」의 전언을 되풀이하고 있는 것일까? 말과 행동의 관계, 더 나아가 언어학과 존재론의 관계? 아니, 이 시는 한 걸음 더 나아간다. 「감옥」에서 문제가 된 것은 '나'와 '그'의 일대일 관계였다. 내가 덥다고 말하면 그가 문을 여는 정도였다. 그러나 이 시에서 문제가 되는 것은 '나'와 '세계'의 관계이고, 구체적으로는 누군가의 '죽음' 혹은 한 도시의 '마비'다. 그러니까 사건이다. 부정확한 발음 때문에 이런 엄청난 사건들이 생겨날 수 있다니, 아무리 말이라는 게 중요하다고는 해도, 이건 과장이 아닌가. 그러나 이 시인은 '한 명의 과학자'를 염두에 두는 타입임을 상기하자. 이 시인의 진술은 현실적으로 늘 '그렇다'는 뜻이 아니라 과학적으로 충분히 '그럴 수 있다'는 취지로 읽혀야 한다. 브라질에서 나비가 날갯짓을 하면 텍사스에서 태풍이 불 수 있다는 과학자의 말이 과장이 아니라면, 누군가의 말이 죽음과 마비를 불러일으킬 수 있다는 이 시인의 말도 과장이 아닐 것이다. 그렇다면 이제 저 '사건들'에 대해서 더 얘기를 듣고 싶어진다. 이 단어가 세 번째 시의 제목이 되었다.

> 이 소설의 등장인물이 그들의 주요 서식지다. 사건과 사건을 연결하는 등장인물은 광대하고 모호하고 그만큼 일처리가 늦다. 기다리는 것은 사건이다.
>
> ─「사건들」에서

어떤 가상의 소설에 대해 논평하는 방식으로 이야기를 풀어 나가고 있지만, 여기서 '소설'이라는 명칭은 우리가 알고 있는 이런저런 소설들이라기보다는, 서정적인 운문과 대립되는 좀 괴상하고 유별난 시를 가리키는 말로, 그러니까 이 시집에 수록돼 있는 시 전체를 뜻하는 말로 이해되어야 한다. 그러니까 이 시인이 자신의 시를 소설이라고 부를 때 이는 실제로 소설을 쓰겠다는 것이 아니라 그만큼 '다른 시'를 쓰겠다는 뜻이다. 그 글을 쓰기 위한 두 가지 원칙이 표명돼 있다. 첫째, 그들(아마도, "입에 담긴 사람들")의 서식지가 이 시집에 나오는 등장인물이고 그 인물들은 사건과 사건을 연결한다는 것. "하나의 사건을 위해서 우리들이 모였다."(같은 시) 둘째, 그러나 사건들의 연결은 계속 지연될 것인데, 그 결과 시들은 사건의 설계도를 조직적으로 보여 주기보다는(그랬다면 읽기 편한 시가 되었겠지만) 다만 사건을 희미하게 잉태하게 될 것이고, 그로부터 독특한 긴장과 매력이 발생하리라는 것. "종결된 사건은 더 이상 책을 만들지 못한다."(같은 시)

이쯤 되면 이 시인의 야심이 무엇인지 짐작할 수 있다. 이 시인은 사건이라는 개념에 많은 판돈을 걸었다. 말이 사건을 발생시킬 수 있다는 사실에 유별나게 주목하면서, 바로 거기에서 현대 시의 새로운 가능성 중 하나를 찾으려 한다. 이미 발생한 사건을 '출산'하는 것이 아니라 아직 발생하지 않은 사건을 '잉태'해 보자는 것이다. 모든 게 명쾌하게 정리돼 있으나 창조적인 자극이라고는 없는 '수사 결과 발표' 같은 시 말고, 많은 것들이 수수께끼로 남아 있지만 '여기에서 무슨 일인가 벌어졌다'는 것을 강하게 환기하는 '사건 발생 현장' 같은 시를 쓰겠다는 것이다. 요컨대 이 책은 시가 사건을 만들어 내는 다양한 방식에 대한 열정적인 탐구의 소산이고, 소설과는 다른 방식으로 사건에 도달하기 위한 용의주도한 트레이닝의 결과물이다. 그래서 이 시집을 읽는 일은, 우리가 흔히 시에서 기대하는 아름다움과는 좀 다른 매혹에 도달하기 위해 한 예외적인 시인이 시도한 과격한 모험에 동참하는 일이다. 지금까지 읽은 도입부 세 편의 시가 이 시집의 서론이다.

소통 ─ 연인을 안고 다른 사람의 이름을 불렀을 때

'사건을 만들어 내기' 혹은 '사건에 도달하기'가 이 시집의 목표라면 그 목표에 도달한 시를 인용하고 성과를 점검하는 것이 이 글의 본론이 될 것이다. 그러나 본론으로 곧장 들어갈 수가 없다. 그림을 그리기 위해서는 흰 캔버스에 뭔가를 그려 넣기 이전에 백지를 채우고 있는 선입견들을 먼저 지워 내야 한다는 가르침이 있거니와, 이 시집을 읽기 위해서도 먼저 두 개의 장애물을 타 넘는 작업이 필요하다. 첫 번째 장애물은 소통에 관한 일반적 편견이다. 그

편견은 다시 두 종류로 나뉜다. 첫째, 소통이 원활하지 않을 때 그 책임은 발신자에게 있다는 편견. 그러나 시에서 발신자의 발화는 '이렇게밖에 말할 수 없음'의 벼랑 끝에서 이루어진다. 힘겹게 말을 이어 가는 장애인에게 호통을 치는 사람은 없지만 불가피한 언어로 발신하는 시인에게 많은 수신자들은 쉽게 호통을 친다. 시를 읽을 때 그것을 '이렇게밖에 말할 수 없는' 사람의 발화로 간주하는 겸허함은 독서의 윤리에 속한다. 둘째, 발신자와 수신자가 '정상적으로' 발화하면 소통은 원활히 이루어진다는 편견. 그러나 우리가 소통했다고 믿을 때 그 믿음에는 과연 근거가 있는 것일까? 시집 초반부에 수록된 몇 편의 작품이 바로 이 편견을 겨냥하고 씌어졌다.

> 사이좋게 평행선을 만든다
> 우리 관계는
> 어디에도 도달하지 못하고
> 서로의 인력에 끌린다
>
> 지하 깊은 곳에서
> 비밀이 고갈되는 순간
> 당신과 가장 가까운
> 사람의 손가락은 누구를 지칭하는가

폭넓은 의견과 차이를 교환한다

당신의 말은 여기까지

내가 생각하는 건물의 높이는

저기까지

수위를 조절해 가며

푹 빠진다

—「테이블」에서

　테이블을 마주하고 대화를 나누는 두 사람에게는 어떤 일이 벌어지는가. 일단 두 사람은 테이블 가까이로 모인다. 이것은 수평적인 운동이다. 한편 대화의 와중에 두 사람은 머릿속에서 제각각의 건물을 쌓아 올린다. 이것은 수직적인 운동이다. 종합하면, 수평적으로 가까워지면서 수직적으로 높아지는 운동인 것인데, 이것이 단순히 '동상이몽'의 상황만을 이야기하는 것이 아니라는 점에 주의해야 한다. 어느 한 방향의 힘이 사라지면 나머지 하나도 사라진다는 것이 포인트다. 과연 그런 것 같다. 네가 최소한 "반경 1km 이내"로 들어와야 너에 대한 나의 상상이 가능해질 것이고, 내 상상의 건물의 "지하 깊은 곳에서/ 비밀이 고갈"되면 도대체가 너와 마주 앉아 있어야 할 이유를 잃어버리게 될 것이다. 이 시 덕분에 우리는 '대화'를 이상하게 정의할 수 있게 되었다. 대화란? 테이블에서 건물을 쌓아 올리는 일을 멈출 수 없는 상황. 그래서 이 시의 마지막 문장은 이렇다. "수위를 조절해 가며/ 푹 빠진다". 어떻게 수위를 '조절'하면서 '푹' 빠질 수 있단 말인가. 그러나 그게 진실에 가까운 것 같다. 대화에 푹 빠져 있다고 믿으면서도 우리는 늘 뭔가를 조절하지 않았던가. 그런데 5연에 나오는 저 "손가락"은 뭐지? 다음 시로 이어지는 다리.

당신은 초조하게 기다린다
나는 당신을 만나러 가지만
한쪽 발이 어디로 걷는지 알 수 없다
한쪽 손이 누구를 반기는지 당신은 알고 있는가

(······)

한 사람의 손이 기다리고 있다
초인종을 누르는 동안 황급히 뛰어나가는
당신의 발놀림이 있다
문을 열고

우리는 등 뒤에서 서로를 껴안는다
바로 앞에서 당신의 머나먼 소리가 들렸다
어깨 너머로 나의 발이 이제 겨우 도착했다
쉴 새 없이 옷을 벗기고

> 너무 좁은 세계의 손과 발이 모처럼 쉬고 있다
> 다른 침대에 누워서
>
> 　　　　　　　　　　　　　　　—「만남」에서

「테이블」의 '손가락'이 뜬금없었다면 이 시의 "한쪽 발"과 "한쪽 손"은 더 뜬금없어 보일 것이다. 그러나 이유가 있다. 나는 지금 당신을 만나러 간다. '푹' 빠져서 가는가? 아니, '솟아오르는 건물'처럼 뭔가가 또 어긋난다. 그 설명하기 어려운 어떤 어긋남을 표현하기 위해 이 시인은 내 몸에서 손과 발을 분리해 낸다. 내가 당신에게 달려갈 때 내 한쪽 발은 "제 세계를 뚜벅뚜벅 걸어"가고, 내가 당신을 만나고 난 뒤에야 "어깨 너머로 나의 발이 이제 겨우 도착"한다. 이 미묘한 상황을 시인은 이렇게 멋진 문장으로 사로잡았다. "우리는 등 뒤에서 서로를 껴안는다". 등 뒤에서 한 사람이 다른 한 사람을 껴안는 일은 가능하지만 '서로를' 껴안는 일은 불가능하다. 그러나 그게 우리의 포옹이라고, 이 시는 말한다. 이런 문장은 또 어떤가. "바로 앞에서 당신의 머나먼 소리가 들렸다". 가장 가까운 곳에서 나를 반기는 당신의 말이 내게는 가장 먼 곳에서 들려오는 것만 같다. 상황이 이러하니, 이 시의 후반부에서 나와 당신은 만나자마자 섹스를 하지만, 이것은 내게서 자꾸만 빗나가는 손과 발을 잠재우기 위한 몸짓처럼 보인다. 이렇게, 만나도 만나지 못하는, 연인이란 도대체 무엇일까.

우리는 보통 밤에 얘기하고 낮에 뜨거워집니다. 우리는 우리 둘 중에서 어느 한 사람이 연인으로 발전할 가능성이 있습니다.

우리는 경향에 가깝습니다. 우리는 보통 밤에 얘기하고 낮에는 짐을 옮기면서 물끄러미 우리의 얼굴을 쳐다보고 이런 얘기를 나눕니다. 마치 자신의 얼굴처럼 부끄럽습니다.

우리는 경향이니까요. 될 수 있는 대로 멀리 뻗어 가는 두 사람의 팔다리를 바로 등 뒤에서 느끼고 만져 봅니다. 우리는 정말 굳어 갑니다. 달아나기 위하여 가장 높은 곳에서 옥상을 준비해 두었습니다.

─「연인」에서

아마도 영화 「연인」을 보고 쓴 작품일 것이다. 인용하지 않은 5연에서 "이 영화"라는 표현이 명시적으로 그렇고, 4연에서 "이상하게 울음이 큰 사나이"와 "여자의 옷자락"이라는 구절이 영화의 주연을 맡았던 양가휘(梁家輝)와 제인 마치(Jane March)를 떠올리게 하며, 인용한 부분의 전반적인 정황도 그렇게 생각하게 한다. 이 영화에서 시인은 이런 명제를 끌어냈다. "우리는 경향에 가깝습니다." 어색하면서도 인상적인 이 문장을 쉽게 떠날 수가 없다. 연인이란 무엇인가, 연인은 경향이다. '존재'가 아니라 '상태'라는 얘기다. 그것은 가까워지려는 움직임 혹은 멀어지려는 움직임의 한 순간이다. 다르기 때문이다. 나와 당신이 다르고("우리 둘 중에서 어느 한 사람이") 내 몸과 내 팔다리가 다르고("될 수 있는 대로 멀리 뻗어 가는 두 사람의 팔다리") 밤과 낮이 다르고("밤에 얘기하고 낮에 뜨거워집니다.") 오늘과 내일이 다르다.("은밀하게 오늘과 내일의 거리를") 굳이 영화를 떠올리지 않더라도 이 시는 스스로 매혹적이다.

세 편의 시를 잇달아 읽은 이유가 있다. 「테이블」에서 이 시인은 '대화'를 정의했다. 대화란? 테이블에서 건물을 쌓아 올리는 일을 멈출 수 없는 상황. 「만남」에서는 '만남'을 정의했다. 만남이란? 등 뒤에서 서로 껴안기. 「연인」에서의 정의는? 연인은 경향이다. 이 세 편의 시를 포괄할 수 있는 말을 '소통'이라고 해도 좋을 것이다. 그렇다면 이 모든 것들이 도대체 '사건'과 무슨 관련이 있는가. 소통은, 하마터면 일어날 수도 있었을 사건 혹은 발생하려는 경향이 있는 사건들을 성공적으로 봉합하는 한에서만, 가까스로 성공할 수 있다. 연인을 품에 안고 문득 다른 사람의 이름을 부르는 순간, 그 한마디 말은 실수가 아니라 사건이 된다. 바로 그것, 어쩌면 진실일지도 모르는 그 실수를 단속하지 않으면 우리는 소통할 수 없을 것이다. 김언의 일련의 시들은 바로 우리가 소통에 성공했다고 믿으면서 억압한 사건들의 옆얼굴을 언뜻 보여 준다. 어쩐지 불길하고 불안하게 시 속을 배회하는 것들, 예컨대 「테이블」에서는 "손가락",

「만남」에서는 "한쪽 발"과 "한쪽 손", 그리고 「연인」에서는 "팔다리"가 바로 그 사건들의 옆얼굴이 아닌가. 김언의 시들은 소박한 소통을 지향하기보다는 소통의 근거 자체를 심문한다. 그 심문 덕분에 은폐된 사건들이 비로소 출현할 것이다. 이제 두 번째 장애물에 대해 말하자.

문법 — 표준 문법에 시비를 걸고 싶을 때

하면 된다는 식으로 소통을 강요하는 사람들은 한 번도 언어의 과학자가 되어 본 적이 없을 것이다. 소통에 대해 의심해 보지 않은 사람은 문장에 대해서도 의심하지 않을 것이다. 표준 문법을 준수하면 소통은 이루어지게 마련이라고 믿을 것이다. 그러나 소통이 사건의 억압을 통해서만 가능하다면, 소통을 보필하는 표준적인 문장이란 도대체 무엇인가. 그것은 어쩌면 유능한 거간꾼에 불과한 것이 아닌가. "만약 필요하다면, 메피스토펠레스에게 문법도 팔아야 한다."(졸저, 『몰락의 에티카』, 문학동네, 2008, 325쪽) 이 시인은 일찌감치 그 악마와 거래한 것 같다. 이번 시집에서도 표준 문법에 폭탄을 던지고 곳곳에 그 잔해들을 수습해 놓았다. 부상병 같은 문장들이 우리야말로 치열한 전투의 증거라는 듯 당당하다. 아닌 게 아니라, 소위 '비문(非文)'들에서 시적 가능성을 탐구하기로는 이 시인만큼 선구

적이었고 근본적이었으며 열정적이었던 이도 드물다. 두 번째 시집에 수록한 한 산문에서는 "한동안 탐색했던 불구의 문장들"에 대한 애정을 표현하면서 그 문장들을 "내치지 말기를" 당부한 적도 있는 터다.(「詩도아닌것들이 — 문장 생각」, 『거인』) 이번 시집에서 몇몇 사례들을 확인하자.

수상식이 말한다. 사회자를 대신하여 마이크가 말한다. 대리 수상자를 대신하여 그의 손목이 까딱 인사하였다. 여기,

남편이 저 대신 따라왔습니다. 저 대신 영광스럽게 울먹거리고 손목은 퉁퉁 불어서 말을 잇지 못합니다. 내일쯤 이혼 절차를 밟고 있으니

모레쯤 소설가가 될 예정이라고 손을 흔들어 밝게 웃어주는 포즈. 그리고 한 목소리! 다 저 때문입니다. 오늘의 이 자리는 저 때문에 참석 못한 사람들로 꽉 찼습니다.
—「문학상 여사의 수상식」에서

기차가 들어온다.
비행기가 출발한다. 일요일에
그가 죽었다는 사실을 알게 되는
여자의 얼굴이 울고 있다.
—「도착」에서

다가오는 수요일 어디쯤엔가 연기가 난다.
나는 물감을 짜 놓고 기다렸다.

—「다가오는 날씨」에서

　이 책의 3분의 1 지점에서 연달아 마주치게 되는 이런 문장들은 언뜻 독자의 인내심을 시험하는 것처럼 보인다. 그러나 이 기괴한 문장들이 아니면 정확하게 지시할 수 없는 어떤 상황이 있지 않았을까. 첫 번째 시는 문학상 시상식에서 느낀 부조리한 느낌을 그에 걸맞은 부조리한 문장들로 건져 올린다. 어쩐지 본말이 전도돼 있는 것 같고("사회자를 대신하여 마이크가 말한다.") 위선적인 연극의 현장 같고("내일쯤 이혼 절차를 밟고 있으니") 참석자들은 모두 허깨비 같다.("참석 못한 사람들로 꽉 찼습니다.") 이런 상황이니 "남편이 저 대신 따라왔습니다."나 "내일쯤 이혼 절차를 밟고 있으니"와 같은 기괴한 비문들의 전압이 높아진다. 특히 후자는 의도적으로 시제를 망가뜨린 사례인데, 「도착」에서 인용한 부분이 이와 유사하다. "그가 죽었다는 사실"을 일요일에 알게 되는 여자가 일요일이 되기 전에 운다. 전체적으로는 종잡기 어려울 정도로 부조리한 작품이지만, 여러 가지 상념을 불러일으키는 저 문장 하나만으로도 충분히 시다. 세 번째 시에서 "다가오는 수요일 어디쯤엔가 연기가 난다."라는 문장이 또한 그렇다. 이 글 도입부에서 인용했거니와, 이 시인은 "다른 문장일 것."이라고 스스로 다짐하듯 적었다. 우리가 '다른 문장' 하나를 포기하면 시인이 본 '다른 세계' 하나를 잃게 된다. 이 시인의 시가 갖고 있는 긴장감은 독자 편에서 느끼게 되는 이런 압박감의 은밀한 지원을 받는다.

문법을 둘러싼 이 소동들은 대체 '사건'과 무슨 관련이 있는가. 앞에서 소통은, 어쩌면 일어날 수도 있었을 잠재적 사건들을 단속할 때에만 성공할 수 있다고 말했다. 그렇다면 표준적인 문장들은, 어쩌면 씌어질 수도 있었을 잠재적 비문들을 통제할 때에만 성공적으로 씌어진다고 말할 수 있겠다. 말하자면 표준 문법에서 이탈하려는 갖가지 시도는 억압된 문장(=사건)들을 촉발하기 위한 노력일 수 있다. 표준 문법의 벽에 부딪쳐 사산(死産)된 비문들을 다시 되살려 냄으로써 억압된 세계 하나를 구원해 내는 작업이라고 해도 좋다. 우리가 정확하고 아름다운 모국어로 씌어진 시들에 대체로 감동하면서도 가끔 싫증과 피로를 느끼기도 하는 것은 그곳이 너무나 익숙한 세계여서일지도 모른다. 사건이 없는 삶은 평온하지만, 그 삶의 주인은 사건을 통해 한 사람의 인생에 문득 열릴 수 있는 새로운 세계 하나를 끝내 모르는 채로 사는 것이 아닌가. 여하튼 시가 '다른 세계'를 창조해야 하는 것이라면, 시인은 '다른 문법'과 '다른 문장'을 작동시켜서 우연적으로 발생하는 사건들을 즐길 줄 알아야 하는 것이다. 뿐인가. 시를 구성하는 원리의 층위에서도 사건은 발생할 수 있을 것이다. 어떻게

'다른 원리'를 작동시킬 것인가. 이 질문에 대한 대답 중 하나를 확인하기 위해 시집 후반부에 수록돼 있는 시를 당겨 읽는다.

> 케이는 몇십만 부가 팔렸는지 궁금한
> 전화번호부를 들고 왔다 훌륭하고 아름다운
> 엘 엠 엔 모두 오의 반쪽을 그리워한다
> 그리고 피를 부른다 알은 잠자코
> 걸어갈 계획이다 새가 되기 전에
>
> 에스는 나무에서 떨어졌다 나뭇가지에 걸린
> 티가 구조해 주고 유하고 유한 인상을 지어 보이며
> 돈을 요구하는 문장을 써 왔다 더블유에
> 가로로 작대기가 두 개 그어진 표시를
> 반으로 딱 잘라 이것도 승리 저것도 승리니까
>
> 입 다물고 사라지는 에스는 점점 엑스를
> 닮아 간다 왜 그런지 알 수 없는 와이가
> 어깨를 으쓱하며 집으로 돌아갔다 목발을 짚고
> 다음 날 출석부에 찍힌 학생은 모두 스물다섯 명
> 딱 한 명이 모자라는 문장을 내가 대신 연설하고 있다
> 지루하게 지퍼를 열고 있다
> ─「아름다운 문장」에서

이 이상한 이야기를 따라가 보자. K가 전화번호부를 들고 온다. 전화번호는 누군가를 떠올리게 하고, L, M, N의 그리움을 자극한다. 그리움의 대상이 되는 존재는 O다. O는 플라톤의 『향연』에서 설파된, 두 개체가 한 몸인, 태초의 인간과 닮아 있다. 그래서 'O의 반쪽'이 그리움의 대상이 된다. 그 그리움이 격정을, 그러니까 피〔血〕 혹은 P를 부른다. R은 알〔卵〕이어서 곧 "새"가 될 것이고, S가 나무에서 떨어지자 나뭇가지에 걸린 T(걸려 있는 모양을 닮았다.)가 구조해 준다. U가 "돈" 얘기를 해서 ₩(원)을 거쳐 W가 등장했고, W를 "반으로 딱 잘라"서 "승리"의 V가 되었다. 구조된 S가 "입 다물고" 사라지면서 X(발언권이 없는 사람은 만화에서 입 대신에 X를 단다.)를 닮고, Y는 'Why'여서 "왜 그런지 알 수 없는" 채로 집으로 돌아간다. 그리고 마지막으로 "지루하게 지퍼를" 여는 '나'는 Z일 것이다. 이런 시를 읽으면서 사색에 잠기면 곤란하지만, 이것이 유치한 말놀이일 뿐이라고 폄하하면 더 곤란하다. 말놀이는 예상 밖의 문장을 불러온다. 시인의 의도가 아니라 말들 자신이 시를 끌고 간다. 그러다 보면 엉뚱한 문장–사건이 발생하기도 하는 것이다. 어떻게 시가 사건을 잉태할 수 있는가를 실험해 본 사례로 읽어야 하지 않을까.

소설 ── 끝없이 갈라지는 길을 산책하고 싶을 때

　소통과 문법에 대해 말했다. 이 둘에 대한 선입견이 김언의 시 읽기를 방해할 수 있다는 것, 김언의 시는 그 둘의 이면에 잠재해 있는 사건들을 분출시킨다는 얘기를 했다. 본격적인 '사건의 시'들을 얘기하기 전에 먼저 몇 가지 짚어 두자. 「야간 근무」, 「내가 죽으면」, 「광장」 같은 작품들은 비교적 편안하게 읽히는 시여서 이채롭다. 특히 「야간 근무」는 세련된 서정시다. 마치 '나는 당신들이 원하는 시를 못 쓰는 게 아니라 안 쓰는 것'이라는 일갈처럼 보인다. 시집의 후반부로 넘어가다 보면 시단(詩壇)을 향한 날선 발언들이 몇 군데 있어 또한 흥미롭다. "미래에 비해 과거는 많이 엄숙해졌고 진지해졌으며/ 그래서 문제라고 아이들이 말했다."(「미래」)라는 문장은 통렬하다. '과거에 비해 현재는 많이 경박해졌고 그래서 문제'라는 어른들의 흔한 말을 뒤집어 어른들에게 되돌려준다. 한때는 시장이었고 훗날 대통령이 된 어떤 사람을 연상케 하는 시에서는 "그들이 고민하는 시와 내가 고민하는 시가 왜 다른 무대에서 살면 안 되는 걸까요?"(「인터뷰」)라고 노골적으로 반문한다. "── 이 시대의 시들을 어떻게 생각하는가?/ ── 나는 그렇게 오래 서 있어 본 적이 없다."(「당신은」)라는 문답은 또 어떤가. 정체(正體)는 정체(停滯)의 산물일 뿐이라는 자신만만한 발언이다. 이제, '사건의 시학'을 선포하는, 이번 시집에서 가장 힘 있는 두 편의 시를 차례로 읽자.

> 이보다 명확한 사건을 본 적이 없다.
> 사건 다음에 문장이 생기는 것이 아니라
> 문장 다음에 사건이 생긴다. 어떤 문장은 매우 예지적이다.
> 어떤 문장은 매우 불길하다. 그리고 어떤 문장은
> 자신의 말에 일말의 책임을 진다. 그것은 조금 더 불행해졌다.
> ——「이보다 명확한 이유를 본 적이 없다」에서

불가피 도입부만 옮겼다. 이 시집 전체를 관통하는 핵심 명제를 품고 있는 시여서 주목할 만하다. "사건 다음에 문장이 생기는 것이 아니라/ 문장 다음에 사건이 생긴다." 이어지는 대목은 2차대전의 전말을 저 '문장/사건'론의 시각에서 치밀하게 복기한다. 먼저 "무리들의 우두머리"가 만나서 악수를 나눈다. 그러나 "누군가의 손이 더 크다. 이 문장이/ 사소한 분쟁을 일으킨다." 명확하진 않지만, 2차대전과 같은 거대한 사건의 근원에도 "문장"이 있다는 논리일 것이다. 그 결과, 1939년 9월 1일에, 독일이 폴란드를 침공하면서 전쟁이 발발한다. 시인은 이때의 암호가 "할머니가 돌아가셨다."였다고 적고 있는데, 엄밀히 말하면 이는 하루 전날인 8월 31일, 독일이 폴란드를 침공할 명분을 얻기 위해 벌인 자작극인 '글라이비치 방송국 공격 사건'의 작전

개시 암호였지만, 어쨌건 저 단순하기 짝이 없는 문장과 더불어 "수천만의 목숨"을 저울질하는 전쟁이 마침내 시작되었다는 것은 사실이다. 이어지는 대목은, 먼저 전쟁의 참화 속에서 "이 문장에도 사인하고/ 저 문장에도 마침표를 찍으며" 시신을 처리하는 전시 상황을, 이어서 "대부분의 헌법이 새로 씌어지고" 또 "혼란한 정국을 틈타 문장들이 새로 완성"되는 전후 상황을, 그리고 마지막으로 "말이 사건을 제압"하는 전쟁 관련 방송 및 전후 전범 재판 등의 상황을 잇달아 보여 준다. 이만하면, 사건의 조짐 속에서 문장이 만들어지고 그 문장과 더불어 사건이 현실화되는 사정을 깊이 있게 성찰한, 문제작이라 할 만하다. 한 편 더 읽는다.

그는 가만히 앉아서 사건이 되는 방식을 택하였다.
얼굴이 공기를 감싸고 돈다. 윤곽은 피부를 헤집고 다닌다. 불이 붙는 순간

그 자리의 공기가 모조리 빨려 들어가는 입속에서 발견되는 사건들.
기껏해야 몇 가지 단어들의 기괴한 조합, 가령
과도한 자신감에 시달리는 남자가 보는 새들의 울창한 숲소리.

한 문장씩 증가해 가는 연기를 따라서

뱀의 외모를 갖추어 가는 그의 사방이 이 자리에서 멈추고 저 자리에서 뛴다.

—「분신」에서

제목 그대로 분신(焚身)하는 한 사람을 특유의 무정한 스타일로 그렸다. 왜 분신인가. 한 사람이 가부좌를 틀고 앉아 있을 때 이것은 아직 사건이 아니지만, 그가 자신의 몸에 불을 붙이는 순간 사건이 발생한다. 분신은 그러니까 "가만히 앉아서 사건이 되는 방식"이다. 그런데 이 시에서 왜 "입속에서 발견되는 사건들"이 등장하고 "한 문장씩 증가해 가는 연기"가 등장하는가. 다소 불친절한 방식으로 이 시는 '분신'이라는 사건과 '말' 혹은 '문장'을 이어 놓으면서 이 분신을 시작(詩作)의 은유로 읽게 만든다. 말들이 시작을 통해 시가 되는 것은 사람이 분신을 통해 사건이 되는 것과 유사할 수 있다는 파격적인 유비. 그러니까 시 쓰기란 '말들의 분신'이라는 것. "몇 가지 단어들의 기괴한 조합" 같은 것이 그 분신의 한 방법론일 것이다. "과도한 자신감에 시달리는 남자가 보는 새들의 울창한 숲소리"와 같은 문장이 그 사례인데, 이는 '과도한 열등감에 시달리는 남자가 보는 숲의 울창한 새소리'와 같은 정상적인 문장이 불타서 생겨난 것이다. 후자는 사건이 아니지만 전자는 사건이다. 앞서 인용한 시「이보다 명확한 이유를 본 적이 없다」가 문장의 힘으로 잠재적 사건이 실현되는 현실적·역사적 상황을 그렸다면, 이 시는 그 미학적·시학적 상황을 그린다. 어느 쪽이건 좋다. 사건의 시학을 위해서는 둘 다 필요하다. 문장이 사건을 낳을 수 있음을 인식하고, 문장 자체가 사건이 되는 방식으로 이를 표현할 것. 도대체 이 까다롭고 심오한 작업에 어떤 이름을 붙여야 하나.

이 시집의 제목이 단서가 된다. "소설을 쓰자." 이 시인보다도 먼저 김수영이 언젠가 말했다. "지극히 오해를 받을 우려가 있는 말이지만, 나는 소설을 쓰는 마음으로 시를 쓰고 있다."(「시여, 침을 뱉어라」에서) 산문적 요소를 마음껏 도입하는 자유를 누리고 있다는 뜻이다. 물론 이는 "그러면서도 자유가 없다"는 말, 정치사회적 맥락에서의 자유는 여전히 절대적으로 부족하다는 말을 하기 위한 포석이다. 이 시인의 경우는 어떤가. 김언이 "소설을 쓰는 마음으로 시를" 쓴다면 이는 시의 장르적 한계를 돌파하기 위해서다. 지금까지 살핀 대로, '사건으로서의 시'에 대한 추구가 보수적인 소통의 모델 및 표준적인 문법들과 불화하는 것이라면, 그 불화를 무릅쓰고, 아니 그 불화 덕분에, 시적으로 사건을 잉태하는 것이 가능하다면, 시 장르 바깥으로 나아가서 소설과 대결할 수도 있지 않겠는가. 이것은 시를 파괴하는 자해 행위인가? 그럴지도 모른다. 그러나 그 자해가 미답의 가능성을 약속할 수 있다면, 그래서 시도 소설도 아니지만 시이기도 소설이기도 한 어떤 장르에 도달할 수 있다면, 이 자해는 차라리 도발적인 모험이 아닌가. 그런 맥락에서 「꼬마 한스 되기」, 「톰의 혼령들」, 「톰의 혼령들과 하품하는 친구들」과 같은 시들, 그리고 시집 후반부에 배치돼 있는 「연루된 사람들」, 「라면의 흐름」, 「두 도시 이야기」, 「벤치 이야기」 등의 작품은, 그 성과에 대한 냉정한 진단이 필요한 것과는 별개로, 이 시집에서 가장 야심찬 시도들이다. 그중 한 편만 열어 본다.

> 그 둘은 서로 다른 집에서 사건을 저질렀다.
> 그리고 사이좋게 여행 가방을 교환하였다.
> (……)
> 담당 형사는 담당 형사에게
> 나의 친구는 이웃집에서 이웃집의 아내는
> 나의 집에서 영원히 울음을 잃어버렸다고 털어놓았다.
> 진심으로 엉뚱한 발상이지만, 마지막 증언은 사라진 울음이 해 줄 것이다. 땅을 파도 발견되지 않는 울음이
> 여행 가방을 따라 전국을 누빈다.
> (……)
> 100% 불쌍한 남자와 99% 울고 있는 남자 사이에서
> 두 형사는 새로 태어났다. 범인의 전철을 밟아 가는 것이다.
> 마지막 증언은 그들이 해 줄 것이다.
> ─「연루된 사람들」에서

이 시만 봐도 알 수 있는 것이지만, 문장이 사건을 낳을 수 있음을 인식하고 문장 자체가 사건이 되는 방식으로 이를 표현하자는 취지의 '사건의 시학'과 그 결과물인 김언의 '소설로서의 시'는 '소설 같은 시'하고는 별 공통점이 없다. 후자가 단지 사건을 재현하는 시라면 전자는 사건을 발생시키는 시라는 결정적인 차이가 그 둘 사이에는 있다. 그 자체로 '수사 과정'을 소재로 한 이 시에서는, 특히 인용한 부분에 주의를 기울여 보면 그렇거니와, 이야기가 진행되어도 사건은 해결되지 않고 오히려 문장이 거듭되면서 사건이 잉태·출산되고 만다. 시인의 말마따나 "어떤 질문을 하더라도 충실하지 않는 이야기"(「소설을 쓰자」)인 셈이다. 독해가 일종의 수사여서 사건을 해결하기 위한 것이라면, 이런 시들은 근본적으로 독해-수사가 불가능한 시가 아닌가 싶다. 보르헤스 식으로 말한다면 '끝없이 여러 갈래로 갈라지는 길'에서는 미행 자체가 불가능한 것이다. 이것은 비평의 패배인가? 독해가 불가능하다고 선언했지만 그 '불가능의 구조'를 밝혀냈으니 이것은 패배가 아니라고 믿는다. 창작과 비평의 장에서는 아무도 지지 않았지만 누군가는 이기는 이상한 일이 벌어지기도 하는 것이다. 자, 2000년대의 마지막 해에, 2000년대 시에 대한 무수한 논의들 속에서도 충분히 읽히지 못한 한 시인이, 2000년대 시가 함께 물어 온 '시란 무엇인가'라는 근본적인 물음을 극단에까지 묻고, 마침내 '소설을 쓰자'라는 어리둥절한 제목의

김언

1973년 부산에서 태어났다.
1998년 《시와사상》 신인상으로 등단했으며
시집 『숨쉬는 무덤』과 『거인』이 있다.
2009년 제9회 〈미당문학상〉을 수상했으며
같은 해 〈동료들이 뽑은 올해의 시인〉에 선정되었다.
2006년 대산창작기금을 받았다.

소설을 쓰자

1판 1쇄 펴냄 · 2009년 7월 27일
1판 5쇄 펴냄 · 2019년 9월 23일

지은이 · 김언
발행인 · 박근섭, 박상준
펴낸곳 · (주)민음사

출판 등록 1966. 5. 19. 제16-490호
서울특별시 강남구 도산대로1길 62(신사동)
강남출판문화센터 5층 (우편번호 06027)
대표전화 02-515-2000 / 팩시밀리 02-515-2007
www.minumsa.com

ⓒ 김언, 2009. Printed in Seoul, Korea
ISBN 978-89-374-0772-7 (04810)

※ 이 책은 2006년도 대산창작기금을 받아 출간되었습니다.

진 적이 있습니다. 이를테면, 그때의 그 라디오처럼, 세상의 모든 '자연스러운' 말들에 잡음과 소음으로 제동을 걸면서 사건을 일으키는 라디오, 그러니까 히스테리 라디오입니다. 이 두 가지를 염두에 둔다면 다른 설명서들이 창조적으로 발견될 겁니다. 자, 모든 사용자들에게 은밀한 즐거움 있기를! 김언 시집 사용 설명서, 끝.

사집을 이제 내놓는다. 그가 제주 정지용이며, 이 사진의
사진을 앞세운다. '사진의 사진'이 될 것이다.

사용 후 초의 사랑

세롤 생명을 이어가집니다. 용우합니다. 이 절
는 소중이 근거의 정원의 곰팡이 제어들 유지합니다. 시
이 특수 (邪) 수의 화학의 계급들 사진들은 재생입니다. 이
출입니다. "그로 밭다. 그러 팔밭. 그러 수정가지니라."제
내 가지 공간에서) 혹시 이 기공을 일시 종강다니가
사가 제공품을 용음을 사인에게 용이아지 장이 지금가
때 전을 생명시는 다시 꽃 된 생명처해요. 기계의 전환 때
문이 이러한 사용자의 발흥이 발해 생기 고정될 수 있습니다.
다. 그대로 예정된 본체로 부러리면 아이로 이 생명에는 공
제도 생이지난다. 다음 두 가지 사용을 앞에다.
새로운 생명자를 가정해 제시요. 첫째, 이 사인은 누구인가
사, '정'은 생명입니다. 아이도 정(精)(聖), 그래요. 새게의 일
제든 큰 염이 생이이 한 제게로 바가는 일은 엄이 세계를 바
누는 몸이다. 지식에다 물리고 굼 근공주의서니
다. 그렇다면 둘째, 이 짐을 부엉이가니 1938년 마누이 일
하다 대응주의 외게이의 지고 정상을 다로 엄하규 한
아라,」 눅 중을 골 다시 마지 부수지법 내꼬게 큰 공동이 들어